GRUNDLAGEN UND GEDANKEN
ZUM VERSTÄNDNIS DES DRAMAS

Für den Schulgebrauch zusammengestellt

W0358107

HOFMANNSTHAL

JEDERMANN

Bearbeitet von
HARTMUT MÜLLER

VERLAG MORITZ DIESTERWEG

6366 Frankfurt am Main · Berlin · München

ISBN 3-425-06366-9

1. Auflage 1974

© 1974 Verlag Moritz Diesterweg, Frankfurt am Main.
Alle Rechte vorbehalten. Die Vervielfältigung auch einzelner Teile, Texte oder Bilder — mit Ausnahme der in §§ 53, 54 UrhG ausdrücklich genannten Sonderfälle — gestattet das Urheberrecht nur, wenn sie mit dem Verlag vorher vereinbart wurde.

Druck: Druckerei Hugo Haßmüller, Frankfurt am Main.

Binden: Großbuchbinderei Adolf Hiort, Wiesbaden.

Inhalt

I. Allgemeine Grundlagen

1. Literarhistorische Voraussetzungen

„Schon während der Naturalismus die ersten Erfolge hatte und ihm in Gerhart Hauptmann der überragende Gestalter zuwuchs, wurde er kritisiert und verurteilt. Die Schwächen des Programms lagen auf der Hand, die großen Dichter, Zola und Hauptmann selbst, sprengten es durch ihre Werke. Aus den gleichen Voraussetzungen, aus denen der Naturalismus entstanden war, entwickelten sich Autoren mit anderen Zielen und anderer Wirkung. Wedekind, Stefan George, Hofmannsthal, Rilke, Spitteler, Christian Morgenstern, Alfred Mombert, Ricarda Huch ... dichteten in denselben Jahren, als Hauptmann ‚Vor Sonnenaufgang' und ‚Die Weber' schrieb. Zwischen den gegensätzlichen Lagern gab es manche Gemeinsamkeiten: Morgenstern hat Ibsen übersetzt, George war in Berlin Mitglied der Neuen Freien Bühne ... der junge Rilke lud den verehrten Liliencron nach Prag ein, Hofmannsthal bewunderte den jungen G. Hauptmann. Die Grenzen zwischen Naturalisten und Neuromantikern schwammen und schwimmen. Was sagen die Begriffe überhaupt, auf die man sich gelegentlich viel zugute getan hat? Der Naturalismus ist viel klarer als die Neuromantik zu fassen. Holz und Schlaf hatten ihn mit schulmeisterlicher Genauigkeit soweit festgelegt, daß man ihre Definitionen und Beschreibungen als Ausgangspunkt nehmen muß.

Der Begriff Neuromantik schillert noch mehr als der Begriff der Romantik, von dem er abgeleitet wurde. Während wir wissen, was ein romantischer Dichter und was romantische Dichtung ist — ohne daß der Begriff der Romantik klar definiert zu werden brauchte —, handelt es sich bei der ‚Neuromantik' offenbar um einen Hilfsbegriff, ein Produkt der Verlegenheit ... Man bezeichnet mit ihm die frühen Dramen Hofmannsthals, die frühen Gedichte Georges, die mittleren Rilkes, die Romane Ricarda Huchs, eine Reihe von Hauptmanns Dramen, nämlich ‚Hanneles Himmelfahrt', ‚Florian Geyer', ‚Die versunkene Glocke', ‚Schluck und Jau', den ‚Armen Heinrich' und ‚Elga'. Daraus sieht man, daß Stoffe und Motive den Anlaß boten, von einer ‚neuromantischen' Periode bei Hauptmann zu reden: Traum und Geschichte.

Wichtig wurde vor allem Ricarda Huchs Werk ‚Blütezeit der Romantik' (1899). Es leitete nicht nur historisch und literarisch eine Renaissance der Romantik ein, sondern auch im Lebensgefühl. Ricarda Huch stellte die Romantik als eine Synthese aller schöpferischen Mächte dar, getragen von starken Persönlichkeiten. Das war das Gegenteil des naturalistischen Evangeliums von Fortschritt, Naturwissenschaft, Masse und Demokratie.

Ihr Mensch ist kein Bündel von Impressionen und Trieben, sondern verfügt frei über sich selbst, über die Kunst und Kultur, besitzt Philosophie und Religion, kennt Zucht und Bildung, sagt ja zu Geschichte und Sprache. Dies Menschenbild war glänzend dargestellt und wirkte wie eine Befreiung. Im zweiten Band, ‚Ausbreitung und Verfall der Romantik' (1902), wurden die romantischen Ideen nicht mehr an Persönlichkeiten, sondern an komplexen Bereichen des gesellschaftlichen Lebens wie Kunst, Frauenbewegung, Medizin, Wirtschaft und Politik dargestellt. Das Werk wirkte programmatisch, und wenn man ‚Neuromantik' als Idee begreifen will, dann muß man Ricarda Huchs historische Darstellung als Manifest der Jahrhundertwende, die damals Gegenwart war, lesen.

Der Komplex ‚Neuromantik' ist nach gut zehn Jahren zerbrochen. Spätestens 1914, als der Weltkrieg ausbrach, wurde deutlich, daß eine neue Epoche da war. Die Neuromantiker aber lebten und entwickelten sich weiter. Sehr deutlich ist das bei Hofmannsthal: man kann nicht jahrzehntelang Neuromantiker sein. Die Bewegung deckte sich zeitweise mit dem Jugendstil und der Jugendbewegung, mit dem Aufbruch der Philosophie zur Metaphysik (Max Scheler), dem Entstehen einer neuen religiösen Literatur, der Aufnahme Nietzsches und Wagners durch die Intelligenz und mit manchen Sonderbewegungen der Künste, z. B. Impressionismus, Symbolismus, Ästhetizismus; sehr wichtig, beinahe identisch mit ‚Neuromantik' ist das Zeitgefühl des Späten, man fühlt sich müde, dekadent, am Ende einer Entwicklung." (Soergel/Hohoff S. 325 f.)

„Der Naturalismus gab sich national und gesund; die neue Romantik international und krank. Die Kunst wurde nicht vom ‚Leben' bestimmt; umgekehrt hatte Oscar Wilde (1856—1900) der Welt klarzumachen versucht, die Wertungen der Künstler hätten der Menschheit erst die Maßstäbe des Sehens und Begreifens gegeben: die Maler des Impressionismus haben uns gelehrt, die Natur so zu sehen, wie wir sie sehen. Die Dichter haben die Formen des Ausdrucks erfunden, in denen wir reden. Die grundlegende Philosophie ist daher die Ästhetik. Auch die Moral wird durch ästhetische Gesichtspunkte bestimmt — das übliche moralische Verhalten beruht auf Konvention und Vorurteil ... In der ‚Salome' zeigte er in einer sinnlich betörenden Sprache den Sieg der entfesselten Person über die sittlich gebundene ...

Eine ähnliche Existenz war Gabriele d'Annunzio (1863—1938). Er schrieb französisch und italienisch, schilderte in Romanen aus teils erlebten, teils erdichteten Welten des Hochadels die raffinierte Luxuswelt überzüchteter und dekadenter Männer und Frauen, deren Gesetz die Herausforderung der Sitte ist ... Als gelehriger Schüler von Nietzsches ‚Zarathustra' ließ er die Figuren seiner Dramen und Romane ‚Übermenschen' sein; ihnen ist alles erlaubt, was sie tun, schon die Frage nach der Berechtigung ist Frevel. Wahrscheinlich hat niemand Nietzsche so mißverstanden wie der aus den anonymen Tiefen einer unaufgeklärten Herkunft zu europäischer Wirkung gekommene Dichter d'Annunzio. Seine Begabung liegt im Lyrischen, einer sinnlich blühenden, pathetisch gesteigerten, metallenen und zugleich nervös angereicherten Sprache; der junge Hofmannsthal und Heinrich Mann verehrten, Stefan George übersetzte ihn ...

Die Kunst Maeterlincks war vom naturalistischen Drama und der Naturwissenschaft ausgegangen ... Er wollte das Drama vom Zeitlichen, Politischen, Leidenschaftlichen befreien. ‚Die Seele' war sein Stichwort, und er wurde durch das Studium des deutschen Dichters Novalis bestärkt, der auf den ‚Weg nach innen' hingewiesen hatte. Hinter dem heldischen und leidenschaftlichen Ich der bisherigen Tragödie besitzen wir etwas Wunderbares, nämlich ‚die Tatsache des Lebens selbst', die tägliche geheime Zwiesprache des Wesens mit seinem Schicksal; zögernd nähert es sich der Wahrheit, der Schönheit oder Gott — oder entfernt sich von ihnen. Es ist klar, daß dies Zwiegespräch stumm sein muß, zwischen und hinter den Worten stattfindet. Maeterlinck hat diese Theorie als etwas sehr Tiefsinniges selbst erklärt und beruft sich auf ungreifbare Mächte:

‚Was ich sage, macht oft wenig aus, aber meine Gegenwart, die Haltung meiner Seele, meine Zukunft und Vergangenheit, was aus mir entstehen wird und was in mir tot ist, ein geheimer Gedanke, die Sterne, die mir günstig sind, mein Schicksal, tausend und abertausend Mysterien, die mich umgeben, wie sie euch umgeben: das alles spricht in diesen tragischen Augenblicken zu euch, und das antwortet mir auch. Unter jedem meiner und eurer Worte liegt das alles; dies ist es vor allem, was wir vernehmen, uns selbst zum Trotze ...'

Das ist der innere Dialog, dessen Echo wir nach Maeterlinck im Drama hören wollen." (Soergel/Hohoff S. 336 ff.)

Hofmannsthals Äußerungen über das Drama zeigen eine gewisse Verwandtschaft mit der Theorie Maeterlincks. In einem Brief an Schnitzler lehnt er die bloße Entwicklung von Charakteren als Ziel der dramatischen Kunst ab. Für ihn ist der Kern des Dramas die „Kette von bildhaften Momenten, die zugleich Ballungen des Seelischen sind". Aus diesen „symbolischen Situationen" soll sich die Handlung entfalten. Dementsprechend ist für Hofmannsthal das Milieu weder reines Lokalkolorit noch in erster Linie soziale Determinante, sondern „Symbolraum" (Erken). Historisch getreue Bühnenbilder seien deswegen abzulehnen, die Szenengestaltung müsse dem „poetischen Charakter" des Stücks entsprechen. Die Bühne bezeichnet Hofmannsthal einmal als „Traumbild". (Vgl. Erken S. 230)

2. Der Stoff

a) Bearbeitungen des Jedermann-Stoffes (Überblick)

„Die zum Beweis für die Nichtigkeit alles Irdischen erzählte Geschichte von dem Mann, der im Augenblick des plötzlichen Todes und der Berufung vor Gottes Richterthron von den Freunden ... im Stich gelassen wird, findet sich schon unter den Parabeln in Barlaam und Josaphat und in Petrus Alfonsis Disciplina clericalis (12. Jhd.). Als künstlerisch ausgestaltetes Drama erscheint sie etwa gleichzeitig am Ausgang des 15. Jahrhunderts in Kärnten, in England als Moralität The Sumonynge of Everyman und als Elckerlijc (Druck 1495) des Holländers Peter van Diest (Diesthemius). Die englische Moralität, deren Wesen im Nebeneinander von realistischen menschlichen Gestalten und allegorischen, die Laster und Tugenden verkörpernden Figuren besteht, stellt dar, wie der Tod als Bote Gottes vor Everyman erscheint, um ihn zur Rechenschaft über sein irdisches Handeln vor Gottes Gericht zu rufen. Nachdem Everyman zunächst vergeblich versucht hat, eine Frist zu erlangen, sucht er nach Begleitern, die ihm vor dem Gericht beistehen könnten. Freundschaft und Reichtum verlassen ihn, ‚Gute Taten' ist zu schwach, Wissen weist ihn auf den Weg der Reue und Buße, und während der Bußübungen erstarkt ‚Gute Taten' und begleitet ihn bis in den Himmel, während Schönheit, Kraft und Klugheit vor der Öffnung des Grabes zurückweichen. Die Erlösung des Sünders vollzieht sich im Everyman und Elckerlijc auf dem kanonischen Weg der Buße.

Mit den neulateinischen Bearbeitungen des Elckerlijc durch Christian Ischyrius (Homulus 1536) und Georg Macropedius (Hecastus 1539) dringt humanistischer Geist und zugleich ein größerer Realismus in die abstrakte Formung des Stoffes. Ischyrius löste die Kollektivbegriffe in Einzelpersonen auf und erreichte mit der Fürbitte der Jungfrau Maria vor Christus größere Farbigkeit. Der Zentralbegriff der ‚Guten Taten' ist bei ihm zu ‚Virtus'geworden. Macropedius begann nicht, wie die bisherigen Bearbeiter, mit der Ankündigung des Todes, sondern mit der Darstellung vom Genußleben des Hecastus, so daß ein Bild zeitgenössischen bürgerlichen Daseins entstand. Das Eingreifen Gottes in Gestalt der Botschaft des Todes wird zugleich durch den Ausbruch einer Krankheit des Hecastus sichtbar gemacht. Neben ‚Virtus' tritt hier als erlösende Macht ‚Fides', was dem Verfasser den Vorwurf eines Abweichens von der kanonischen Form der Buße und den der Ketzerei eintrug. Hans Sachs' Nachdichtung (Comedi von dem reichen sterbenden Menschen 1549) verbürgerlichte den Stoff noch stärker, wodurch das Ganze weniger allgemeingültig als zufällig wirkte und an Wucht einbüßte. Sachs ließ die kirchlichen Mittel des Bußweges ganz beiseite und betonte den rechten Glauben, der dem Sünder die Furcht vor dem Tode nimmt. Während der Stoff bei ihm außerhalb konfessioneller Bindungen zu stehen scheint, wandte der wohl auch von Macropedius' Werk angeregte Thomas Naogeorg im Mercator (1540) vom protestantischen Standpunkt die Tendenz gegen die Werkgerechtigkeit des Katholizismus. Jasper von Genneps deutsche Homulus-Übersetzung (1540) bildete schon die später bei Hofmannsthal zentrale Mahl-Szene aus, und der auf ihm fußende Düdesche Schlömer (1584) Johannes Strickers schließlich führt die ehemaligen Allegorien als Personen vor, die als satirische Porträts bestimmter Menschen und Standesvertreter aufzufassen sind.

Nachdem der Stoff drei Jahrhunderte lang brachgelegen hatte, denn nur D. Rostowskij (1651—1709) mit der Pantomime Der ewige Sünder ist zu erwähnen, wurde die alte Moralität zu Beginn des 20. Jahrhunderts zunächst auf dem akademischen Theater Englands, dann auch auf deutschen und holländischen Bühnen erneuert. Der Mangel an einer deutschen künstlerisch hochwertigen Fassung ließ zunächst eine Neubearbeitung des Everyman durch Wilhelm von Guérard (Wir alle 1905) entstehen, die den ganzen Vorgang als inneres Gesicht des vom Schlage Getroffenen faßt und in ihrer Darbietungsweise dem Geschmack des Jugendstils entspricht; dann schrieb H. von Hofmannsthal 1911 seinen Jedermann ..." (Frenzel S. 347 f.)

b) Das geistliche Spiel des Mittelalters

Das Theater des Mittelalters ist ebenso wie das klassische Drama der Griechen aus einer religiösen Kulthandlung herausgewachsen. Seine Geschichte reicht bis ins 10. Jahrhundert zurück. In der Liturgie wurden sogenannte „Tropen", das sind Textteile in der Form eines Wechselgesangs eingefügt. Das mittelalterliche Drama in seiner ältesten Gestalt geht auf den Tropus der Osterliturgie zurück. In einer St. Gallener Handschrift des 10. Jahrhunderts finden wir die einfachste Grundform des entscheidenden Ostertropus: „Quem quaeritis in sepulchro, o christicolae? — Jesum Nazarenum crucifixum, o caelicola. — Non est hic: surrexit, sicut praedixerat. Ite, nuntiate quia surrexit de sepulchro." Der dialogische Charakter dieser Tropendichtung ist durch Vortragsanweisungen wie „interrogatio" oder „responsio" deutlich gekennzeichnet. Der Tropus wurde als Einleitung zum Introitus der Messe antiphonisch gesungen. Aus dieser Art Oratorium entfaltet sich das Drama; man begnügt sich später nicht mehr damit, Frage und Antwort sprachlich und musikalisch zu unterscheiden, sondern man geht zur rollenmäßigen Darstellung über. Dies erfolgt im 10. Jahrhundert, als der Tropus in den Schluß der Ostermatutin eingefügt wird, wobei er sich an Responsorien anschließt, die unter Wiederholung von Cantor und Chorus vorgetragen werden. Das geistliche Lied hat keinen künstlerischen, sondern einen religiösen Sinn. Der einfachen Volksmenge sollten in mimisch-szenischem Spiel die wichtigsten Ereignisse des Osterzyklus anschaulich vorgestellt werden. Die Liturgie des Osterzyklus berücksichtigt die Erinnerung an Christi Leiden und an Christi Auferstehung. In ähnlicher Weise stehen auch Passions- und Osterspiele nebeneinander. Erst im späten Mittelalter werden diese Spiele verbunden, jetzt wird das gesamte Heilsgeschehen, wie es im Alten und Neuen Testament berichtet wird, in umfassender Weise dargestellt.

Der Stil dieser geistlichen Spiele ist bis zum 14. Jahrhundert illustrativ und nicht dramatisch. Raum, Darstellung und Sprache bleiben imaginär.

Der Ort der Aufführung war ursprünglich der Altarraum der Kirche, die Dekoration begnügte sich mit symbolischen Andeutungen. In der Folgezeit wurden die Szenen umfangreicher, die Texte ausführlicher, die Zahl der Mitwirkenden vergrößerte sich, das Vergnügen am spielerischen Element rückte in den Vordergrund. Die Folge war, daß die geistlichen Spiele im 14. Jahrhundert aus der Kirche verbannt und in weltliche Säle oder auf Marktplätze verlegt wurden. Teilweise wurden Reste heidnischer Bräuche (Frühlingsfeiern, Julfeste) und realistische volkssprachliche Elemente eingeschmolzen. Jetzt werden die geistlichen Spiele „aus einer kirchlichen zu einer städtischen, aus einer geistlichen zu einer weltlichen Angelegenheit: das Oratorium wird zum Schauspiel" (H. H. Borcherdt, S. 20). Die Bürger, nicht mehr die Kleriker, sind die Träger der Spiele, die Landessprache tritt an die Stelle des Lateins. Jetzt erobert sich das geistliche Spiel einen realen Spielraum, indem man es auf die Mitte der Marktplätze verlegt. Jede Ecke des Platzes hat eine bestimmte Bedeutung, die Schauplätze liegen nebeneinander, alle Dekorationen sind von vornherein aufgebaut. Nur wenige erhöhte Punkte (z. B. das Paradies) werden mit Hilfe von Brettergerüsten geschaffen. Diese Art der theatralischen Darstellung wird als Simultanbühne bezeichnet. (Vgl. H. H. Borcherdt S. 14 ff.)

Eine Sonderform des Geistlichen Spiels ist die Moralität, englisch „morality play", die seit der Mitte des 14. Jahrhunderts in England immer größere Bedeutung erlangt. „Ihr dramatischer Kern liegt in dem Ringen der guten und bösen Mächte, der Tugenden und Laster, der Engel und Teufel um die Seele des Menschen." (H. H. Borcherdt S. 61). Typisch ist der lehrhafte Charakter dieser Stücke, typisch auch der trostreiche Ausgang. Reue und geistliche Hilfe retten die Seele am Ende; göttliche Kraft überwindet satanische List. Das „Schloß der Beharrlichkeit" (um 1440) ist eine handlungsstarke Moralität mit charakteristischen allegorischen Elementen, andere Spiele arbeiten mit derben Effekten, wobei groteske Teufelsszenen eine wichtige Rolle spielen.

Es spricht manches dafür, daß die Moralitäten auf einfachen Schaugerüsten in Hallen und auf Plätzen aufgeführt wurden. Die komplizierte Mysterienbühne ist in der Weise vereinfacht worden, daß nur noch wenige Aufbauten verwendet wurden, eine Hinterbühne konnte durch einen Vorhang abgeschlossen werden, davor lag eine neutrale Vorderbühne. Genaueres über die Aufführungsform der Moralitäten ist nicht bekannt, auch ein mehrstöckiger Aufbau des Schaugerüstes ist nicht auszuschließen, was daraus zu ersehen ist, daß beim Jedermannspiel eine Grabeshöhle dargestellt werden mußte.

„The Somonyng of Everyman" ist eine der bekanntesten Moralitäten. Um 1495 ist dieses Spiel in Holland und England bezeugt, seine Herkunft konnte bisher nicht eindeutig geklärt werden. (Vgl. H. H. Borcherdt S. 61 f.)

c) *Everyman*

Das geistliche Spiel beginnt mit einem Appell eines Herolds an die Zuschauer; er erinnert an die Vergänglichkeit alles Irdischen und an die Verantwortung des Menschen gegenüber Gott, „respice ad finem" wird geraten. Nun spricht Gottvater, er beklagt in einer längeren Rede die Gottlosigkeit aller Menschen, die immer schlimmer werde. Deswegen wird der Tod, der mächtige Bote, beauftragt, Jedermann unverzüglich vor Gottes Richterstuhl zu laden. Der Tod verspricht, diesen Auftrag ohne Erbarmen auszuführen:

> Loo yonder I se eueryman walkynge
> Full lytell he thinketh on my cummynge

Jetzt richtet sich der Blick auf die Gestalt Jedermanns, der auf der Bühne dahinschreitet und mit weltlichen Dingen beschäftigt ist. Es folgt ein Dialog zwischen Tod und Jedermann: Jedermann soll vor den Richterstuhl des Höchsten treten und sein „boke of counte", sein Rechenschaftsbuch, mitbringen. Jedermanns Entsetzen ist groß, als der Tod sich zu erkennen gibt; er bittet flehentlich um Aufschub und bietet sogar 1000 Pfund, um den Tod zu erweichen. Aber erst als er die Gnade Gottes anruft, erlaubt ihm der Tod, sich bei seinen Freunden und Bekannten nach einer Begleitung für seine letzte Reise umzusehen. Der Tod will zwar keineswegs einen Tag warten, aber immerhin verläßt er den Schauplatz, damit sich Jedermann zur Reise fertigmachen kann. In der Zwischenzeit versucht dieser, einen Reisebegleiter zu finden. Der erste, an den er denkt, ist „Felawe“, Jedermanns Freund. Im folgenden Zwiegespräch bietet dieser Freund großmütig seine Hilfe für alle Notlagen an, sogar in die Hölle will er ihn begleiten:

For in fayth and thou go to hell
I wyll not forsake the by the waye

Als er aber hört, daß es von dieser Reise keine Wiederkehr gibt, lehnt er ganz entschieden ab und verabschiedet sich schnell. Jedermanns hilfesuchenden Blicke richten sich nun auf seine Verwandtschaft, auf seine „Kynred“. Doch auf seine Bitte erhält er von seinem Vetter zur Antwort, er ziehe fünf Jahre bei Wasser und Brot einer solchen unheimlichen Reise vor; ein anderer Verwandter bietet zynischerweise seine Frau als Begleiterin an. Da die Menschen, die ihm nahestehen, nicht helfen können oder wollen und ihn in seiner Not allein lassen, sucht Jedermann nun bei der Macht Hilfe, die für sein bisheriges Leben bestimmend gewesen war und die er geliebt hatte: „All my lyfe I haue loued ryches“. Sein Reichtum soll ihn begleiten, seine Schätze sollen ihn schützen in der Stunde der Not. Aber die allegorische Figur, die den Reichtum darstellt, belehrt ihn, daß seine Güter ihm nur geliehen gewesen seien für eine bestimmte Zeit, und zwar zu mäßigem Gebrauch und eingedenk der Pflicht, auch den Armen davon mitzuteilen. Da Jedermann in seinem Leben diese Lehre mißachtet hatte, schleudert ihm Reichtum jetzt die Wahrheit ins Gesicht und verweigert ihm den geforderten Dienst. Diese dritte Weigerung bewirkt einen Akt der Selbsterkenntnis, Jedermann ist klar geworden, daß weltliche Mächte und weltliche Dinge ihm im Angesicht des Todes nicht helfen können. Jetzt entsinnt er sich seiner guten Werke („Good ded“). Er weiß aber auch, daß diese sehr geringfügig und unbedeutend waren, kein Wunder, daß die Gestalt der Werke kränklich und kraftlos am Boden liegt und nicht imstande ist, sich zu erheben. Immerhin ist sie bereit, Jedermann einen guten Rat zu geben. Sie verweist ihn an ihre Schwester, genannt „Knowledge“, ein Begriff, den man wohl am besten mit „Erkenntnis“ übersetzt. „Knowledge“ erklärt dem hocherfreuten Jedermann, sie wolle ihn auf seiner Reise begleiten und ihn zuerst zu „Confession“ führen. Diese Gestalt wird als Mann gedacht: Bekenntnis hat die Kraft, von Sündenflecken reinzuwaschen, wenn man ihn ständig darum bittet und Buße tut; auch den Guten Werken kann „Confession“ auf die Beine helfen.

Nach diesen Begegnungen öffnen sich Jedermanns Lippen zu einem Gebet um Vergebung der Sünden und für das Heil seiner Seele. Die Folge seiner Reue zeigt sich darin, daß Gute Werke gesund wird, sich fröhlich erhebt und Jedermann auf seiner Pilgerschaft begleitet. „Knowledge“ rät nun dem bußbertigen Sünder, das Kleid der Reue anzulegen, das Gott wohlgefällig sei. Jetzt ist auch das Buch der Rechenschaft in Ordnung. Trotzdem, so meint Gute Werke, ist die Reisebegleitung immer noch nicht vollständig. Klugheit („Dyscression“), Kraft („Strength“) und Schönheit („Beautye“) dürfen ebensowenig fehlen wie die fünf Sinne, die Ratgeber. Sie alle versprechen, Jedermann bei seinem Unternehmen unter keinen Umständen im Stich zu lassen. Der reiche Mann macht sein Testament, wobei er die Armen reichlich bedenkt. Die Begleiter empfehlen dem Todgeweihten, einen Priester zu holen, der das Sakrament spendet. Nachdem dies geschehen ist, steigt Jedermann zitternd in sein offenes Grab. Schönheit wendet sich schaudernd ab und verläßt ihn. Trotz inständiger Bitten Jedermanns verlassen ihn jetzt auch Kraft, Klugheit und seine fünf Sinne, sie alle brechen ihre Zusage am offenen Grab. Nur Gute Werke und Erkenntnis harren bei dem Sterbenden aus bis zum Schluß.

Jedermann befiehlt seine Seele Gott, Engel erscheinen und verkünden, daß er in die himmlischen Sphären eingehen wird. Ein „Doctoure", d. h. ein Doktor der Theologie, beschließt das Spiel mit einem Wort an die Zuschauer. Er erinnert sie noch einmal daran, daß Jedermann von allen Freunden und Verwandten, von Klugheit, Schönheit, Kraft und von seinen fünf Sinnen am Ende verlassen wurde. Nur derjenige, der die Lehre aus den dargestellten Begebenheiten ziehe und hier auf Erden ein Gott wohlgefälliges Leben führe, werde das ewige Leben gewinnen.

Hofmannsthal fühlte sich von dieser englischen Fassung besonders angesprochen. Er sagt darüber: „... dann erzählte sie [die Geschichte] ein Engländer des fünfzehnten Jahrhunderts in der Weise, daß er die einzelnen Gestalten lebendig auf eine Bühne treten ließ, jeder die ihr gemäßen Reden in den Mund legte und so die ganze Erzählung unter die Gestalten aufteilte ... Der Eindruck war rein und groß ..." („Das alte Spiel von Jedermann" P III S. 114). Eine einfache Übersetzung der englischen Vorlage schien Hofmannsthal nicht angemessen; er lobt zwar „die treuherzige Wesentlichkeit der alten Sprache", scheut aber doch mit Recht die weitschweifigen Reden des Originals.

d) „Hecastus" von Hans Sachs

Auch eine andere Fassung des Themas, nämlich „Ein comedi von dem reichen sterbenden menschen, der Hecastus genannt, hat neunzehen personen und 5 actus zu spielen", ein Spiel von Hans Sachs aus dem Jahre 1549 war Hofmannsthal vertraut. Beide Vorlagen, Everyman und Hecastus, hat er jedoch nur als Rohstoff für sein Spiel betrachtet, denn, so äußerte er sich: „Alle diese Aufschreibungen stehen nicht in jenem Besitz, den man als den lebendigen des deutschen Volkes bezeichnen kann, sondern sie treiben im toten Wasser des gelehrten Besitzstandes." („Das alte Spiel von Jedermann")

Hans Sachs' in Knittelversen verfaßter „Hecastus" ist eine Übertragung eines neulateinischen Schuldramas mit dem gleichen Titel von Georg Macropedius aus dem Jahre 1539. Auch dieses Stück beginnt mit einer Rede ad spectatores, ein „ehrnhold" bittet um Aufmerksamkeit und gibt das Thema des Spiels an. Der „reich mann" tritt auf, freut sich seines Besitzes, ruft seine Frau Epicura aus dem Haus, befiehlt ihr, ein Mahl zuzubereiten und macht sich auf, seinen Freund Demon zu besuchen. Die Freunde spielen ein Brettspiel vor dem Haus und trinken Wein dazu.

In Actus 2 unterhalten sich Economus, der Hausvogt und die Hausknechte Philepanis und Panocite über einen geheimnisvollen Boten, der in der Ferne sichtbar wird:

Fürwar ein erber dapffer monn
Von kleidung und auch von person,
Als sey er etwan ein legat
Von keyserlicher mayestat.

Der Bote rügt das weltliche Treiben des Hecastus und läßt nach dem reichen Mann schicken, denn dieser muß „für den höchsten könig" treten. Dem erschreckten Hecastus überreicht er einen Brief dieses Königs und fordert ihn auf, vor dessen Richterstuhl Rechenschaft abzulegen über sein ganzes Leben. Der reiche Mann versucht vergeblich, diesen Brief zu lesen, dann schickt er nach seinem gelehrten jüngsten Sohn, der soll ihm helfen, den Inhalt des Schreibens zu erfassen, aber auch dessen Kunst versagt. Schließlich erklärt der Legat unmißverständlich, daß Gott Hecastus vor seinen Richterstuhl fordere, das sei der Inhalt des Briefes. Eine Frist wird nicht gewährt, heute noch müsse der reiche Mann sterben. Hecastus will nicht allein die ihm auferlegte Reise antreten; er versucht zuerst, bei seinem Freund Demones Trost zu finden. Als dieser hört, daß es gilt, vor dem göttlichen Gericht zu bestehen, lehnt er jedoch entschieden ab: „Hieher kan ich nit mit dir gehn." Er verweist den Tiefbetrübten an einen anderen Freund namens Singenes, der aber eine Reisebegleitung ebenso ablehnt und Hecastus auffordert, er möge sich an sein Weib und an seine Kinder halten. Wenn das aber vergeblich sei, bleibe ihm immer noch sein Reichtum. Mit diesem doppelten Ratschlag ist der weitere Gang der Handlung vorgezeichnet. Der ältere und auch der jüngere Sohn wollen nicht mit ihrem Vater vor das göttliche Gericht ziehen: „Weil von natur fleisch unde blut / Vor dem todt sich entsetzen thut." Auch sein Weib will nicht mit ihm zusammen sterben, so bleibt nur noch der Schatz als letzter Helfer in der Not. Zwei Knechte bringen die Schatztruhe hergeschleppt. Plutus, der Dämon des Geldes, protestierte lautstark gegen die Zumutung des Hecastus, er will seine Truhe nicht verlassen, denn er hat „bey Gott" nichts zu „schaffen".

Der 4. Akt bringt zuerst eine große Abschiedsszene, die Familienmitglieder und die Freunde beklagen das Los des armen reichen Mannes und schon naht sich der Tod „grausamer gstalt / Heßlich, wie man den teuffel malt", einen Pfeilbogen in der Hand. Hecastus bittet ihn flehentlich um Aufschub, schließlich wird ihm eine Stunde Frist eingeräumt. Verzweifelt hält der dem Tod Verfallene nach weiterer Hilfe Ausschau. Er erinnert sich an die „edle Tugent", die er einst in seiner Jugend geliebt hatte. Frau Tugend ist jedoch zu kränklich, denn Hecastus hat sie später, als er das Leben eines Reichen führte, mißachtet. Trotzdem empfiehlt sie ihm Fides (Glaube) als hilfreiche Reisebegleiterin; außerdem rät sie dem Unglücklichen, er möge einen Priester holen lassen. Während sich die beiden Söhne schon um ihr Erbe streiten, nahen sich jetzt „zwu / Frawen gantz engelischer gstalt / Wie man der heiden göttin malt": Tugend und Glaube gehen ins Haus, wo soeben Hecastus dem Priester beichtet. Aber auch der Teufel ist schon zur Stelle und wirft Hecastus seine schweren Sünden vor: Ehebruch, Wucherei, Völlerei, Haß, Neid, Gotteslästerung, Ausbeutung der Armen. Der Priester spricht ihn von seinen Sünden frei und verkündigt die christlichen Glaubenswahrheiten. Die beiden allegorischen Gestalten, Glaube und Tugend, schützen Hecastus vor dem Teufel und sprechen ihm Trost zu in seinen Anfechtungen. Der Teufel beansprucht sein Recht, ergeht sich in wüsten Beschimpfungen, als er nichts erreicht, und setzt seine Hoffnung schließlich auf seinen Bundesgenossen, den Tod, der jetzt hereintritt und seinen Bogen spannt. Aber durch geistlichen Beistand gestärkt hält Hecastus Tod und Teufel stand; sein neuerwachter Glaube an die Gnade Gottes gibt ihm Kraft, den Tod willig auf sich zu nehmen. Hecastus stirbt als Christ.

Zum Schluß kommen die Knechte, dazu die Freunde Demones und Singenes, die Frau und die Söhne des Hecastus und beweinen den Verstorbenen. Aber der Priester warnt vor unchristlicher Trauer, Hecastus werde das ewige Leben gewinnen. Das letzte Wort hat wieder der „ehrnhold". Er fordert die Zuschauer auf, aus dem Gesehenen und Gehörten die entsprechende Lehre zu ziehen:

> O christen-mensch, diese barabel
> Laß dir im hertzen sein kein fabel,
> Sonder bedenck hertzlich darbey,
> Wie ungewis die stunde sey
> Des todtes ...

3. Entstehung des Werkes

Im Jahr der Uraufführung des Spiels, 1911, erschien im S. Fischer Verlag Berlin die Buchausgabe unter dem Titel: „Jedermann. Das Spiel vom Sterben des reichen Mannes. Erneuert von Hugo von Hofmannsthal". Im Anhang findet sich folgende Notiz des Autors:

„Dieser Erneuerung des alten Spieles liegt für den Aufbau vornehmlich der anonyme englische Text des fünfzehnten Jahrhunderts zugrunde. (Everyman, a morality play, gedruckt zu London um 1490). Aus des Hans Sachs ‚Comedi vom sterbend reichen Menschen' wurde manches einzelne herübergenommen, zumeist in den Anfangsszenen. In der Szene der Mutter ist ein gereimtes Gebet eingewoben, das von Albrecht Dürer stammt. Das Tanzlied und die übrigen Lieder sind einer neueren Sammlung der Minnesänger des dreizehnten Jahrhunderts entnommen.
Begonnen April 1903 — beendet September 1911."

Im Frühjahr des Jahres 1903 hatte Hofmannsthals Freund, Baron Franckenstein, der später Generalintendant der Münchener Oper wurde, den Dichter auf den mittelalterlichen „Everyman" aufmerksam gemacht. Drei Jahre später schrieb Hofmannsthal unter dem Datum des 27. April 1906 einen Brief an den Komponisten Richard Strauß, in dem sich zum ersten Mal ein Hinweis auf das „Jedermann"-Projekt findet. Dort heißt es:

„Was nun den nächsten meiner eigenen Stoffe anlangt, so steht es damit für Ihre Arbeitszwecke nicht zum Besten, wie ich — leider hierin gegen mich selber ohnmächtig — es wohl wünschen würde. Dieser Stoff, die Todesstunde behandelnd, anklingend an jenes mittelalterlich naive Stück Jedermann, formt sich mir unwiderstehlich zu einer Szenenfolge ziemlich realen Gepräges um, in Prosa, ja im Wiener Dialekt will es sich gebären ..."

Doch die Arbeit konnte in den folgenden Jahren nicht zügig fortgeführt werden, u. a. auch deswegen, weil der Komponist den Autor immer wieder dazu drängte, für ihn ein Opernlibretto zu vollenden. Das geht aus einem Brief Hofmannsthals aus Rodaun vom 18. 12. 1911 an Strauß hervor, in dem der Autor sich darüber beklagt, daß durch die Zusammenarbeit mit dem Komponisten seine eigenen Arbeiten in den Hintergrund gedrängt würden:

„Sie schrieben mir im Mai ein paarmal so traurig und enttäuscht, daß ich die Arbeit an ‚Jedermann' liegenließ und Ihnen die ‚Ariadne' machte. Dann hatte ich große Mühe, die gewaltsame Unterbrechung der Arbeit am ‚Jedermann' zu überwinden und den Schluß dieses Werkes rein und einfach, wie er jetzt geworden ist, zu Ende zu führen."

An anderer Stelle, in seinem Essay „Das alte Spiel von Jedermann", hat Hofmannsthal interessante Aufschlüsse gegeben über die Entstehung seines Spiels. Zuerst äußert er sich über die Geschichte des Jedermann-Stoffs:

„Die deutschen Hausmärchen, pflegt man zu sagen, haben keinen Verfasser. Sie wurden von Mund zu Mund weitergegeben ... Als ein solches Märchen mag man auch die Geschichte von Jedermanns Ladung vor Gottes Richterstuhl ansehen. Man hat sie das Mittelalter hindurch an vielen Orten in vielen Fassungen erzählt; dann erzählte sie ein Engländer des fünfzehnten Jahrhunderts in der Weise, daß er die einzelnen Gestalten lebendig auf eine Bühne treten ließ, jeder die ihr gemäßen Reden in den Mund legte und so die ganze Erzählung unter die Gestalten aufteilte. Diesem folgte ein Niederländer, dann gelehrte Deutsche, die sich der lateinischen oder der griechischen Sprache zu dem gleichen Werk bedienten. Ihrer einem schrieb Hans Sachs seine Komödie vom sterbenden reichen Manne nach. Alle diese Aufschreibungen stehen nicht in jenem Besitz, den man den lebendigen des deutschen Volkes bezeichnen kann, sondern sie treiben im toten Wasser des gelehrten Besitzstandes. Darum wurde neuerlich versucht, dieses allen Zeiten gehörige und allgemeingültige Märchen abermals in Bescheidenheit aufzuzeichnen.

Die englische Fassung kam mir vor mehreren Jahren in die Hände. Der Eindruck war rein und groß, die Lust unbedingt, dieses Werk dem deutschen Repertorium einzuverleiben, in einem gedachten idealen dramaturgischen Verhältnis, in welchem sich jeder mit dem Theater verknüpfte Dichter zeitweilig fühlen mag. Zur einfachen Übertragung schienen die Reden des englischen Originals zu weitschweifig; nur in der treuherzigen Wesentlichkeit der alten Sprache war dergleichen möglich; bildete man so Zeile für Zeile nach, so wäre, wie beim Nachschnitzen einer alten Holzskulptur, den flächigen Zeilen etwas Leeres, Totes geblieben. Trug man, mit vergehenden Jahren, das Wesentliche dieses dramatischen Gebildes stets in sich, zumindest im Unterbewußtsein, so regte sich allmählich Lust und Freiheit, mit dem Stoffe willkürlich zu verfahren ...

Der Anreiz, aus den Grundmotiven des alten Spiels verlarvt bis zur Unkenntlichkeit, ein neues Gebilde hervorgehen zu lassen, war jahrelang mächtig und vielleicht habe ich kein Recht, ihn für abgetan zu halten. Doch überwog am Ende ein anderer Trieb, der gleich mächtig ist im Menschen: für schön Erkanntes rein aufzufassen und wiederzugeben, fremdem Gebild sein Lebensrecht zu wahren und hinter sich wie vor sich, zur Rechten und zur Linken nach dem Spruche zu handeln: daß dem, der hat, noch gegeben werden soll.“ (P III S. 114 ff.)

Das Ergebnis von des Autors „Lust und Freiheit mit dem Stoffe willkürlich zu verfahren“ ist die erste Fassung des „Jedermann“, die „Allererste Fassung in Prosa 1906“, die als Fragment in der Zeitschrift „Tag“ im Jahre 1911 veröffentlicht wurde. Der Schauplatz ist ein Garten bei Wien. Aus einem Mauerpförtchen tritt Jedermann, hinter ihm kommt sein Diener Mammon, der eine Gitarre trägt. Die Hauptfigur wird als „reicher Hausbesitzer“ vorgestellt. In seinen ersten Worten, einem Selbstgespräch, spricht er über sein Alter: „Der schöne Tag! Die schöne Wärme! Mir ist, wie wenn ich vierundzwanzig wäre und nicht doppelt so alt.“ Ähnlich dem Jedermann der zweiten Fassung, hat der reiche Mann ein falsches Verhältnis zur Lebenswirklichkeit, das sich in seinem falschen Verhältnis zur Zeit ausdrückt. Diese Disproportion wird deutlich an der ungeheuren Ungeduld, dem Nicht-Warten-Können angesichts der Vergänglichkeit des Lebens: „Wenn ich in dieses

Weben der Welt hineinschaue, in dies unaufhaltsame Hingleiten, dieses lautlose Sichverzehren, so befällt mich eine rasende Ungeduld." Das Gefühl, das Leben in seiner Schönheit mit all seinen Genußmöglichkeiten nicht ausschöpfen zu können, ist für ihn „eine wütende Qual". Darin ist er ein Verwandter des Toren aus Hofmannsthals frühem lyrischen Einakter „Der Tor und der Tod"; auch er ist ein Ästhet, der italienische Früchte, Gitarrenmusik, „glimmernde" Steine im Hügel und Äolsharfen liebt. Noch mehr liebt er die Frauen, von denen er sagt: „... Geschöpfe! Dasein! Frauen! Es gibt keine häßliche unter ihnen. Zu Tausenden leben sie, da, dort in den Häusern, in den Hütten." Ebenso wie die Gestalt des Ästheten gehört die Figur des Abenteurers, des Verführers, in die dichterische Welt Hofmannsthals. Schon 1898 hatte er sich durch die Memoiren Casanovas anregen lassen („Der Abenteurer und die Sängerin").

Die Prosafassung des „Jedermann" besteht aus einem Dialog zwischen dem reichen Hausbesitzer und seinem Diener. Das Gespräch handelt von einer Liebesaffäre. Jedermann erinnert sich an seine Geliebte, eine gewisse Josepha Sonnleithnerin, eine Bauerntochter, „ein braves, williges Mädchen", das im Weinberg arbeitet. Mammon, der koboldhafte Bediente, ist bemüht, seinem Herrn jeden Wunsch von den Augen abzulesen, und sofort erbietet er sich, im oberen Zimmer des Jagdhäuschens ein Rendezvous zwischen Jedermann und Josepha zu arrangieren. Doch Jedermann ist durch den kupplerischen Eifer seines Dieners angeekelt. Er bereut es, daß er über sein Verlangen mit Mammon gesprochen hat, denn er hat das Gefühl, sein Diener mache aus einem Traum „einen nichtsnutzigen Handel". Aber schließlich ist eine Sehnsucht stärker als seine Bedenken. Zwar hat er Angst, „daß [er] um so durstiger sein werde, wenn [er] werde getrunken haben", dennoch hofft er, daß wenigstens das Gefühl des Dürstens seine Lebensleere ein wenig leichter erträglich mache. Herr und Diener malen sich die kommende Szene im blauen Zimmer des Jagdhäuschen aus, wenn der Wind mit der Äolsharfe spielt und die Geliebte ruft. Die Ungeduld Jedermanns wird immer stärker, schnell wird Mammon fortgeschickt, und in Erwartung der kommenden Liebesstunde setzt er sich unter einen Apfelbaum. Seine Gedanken wandern zurück in die Kindheit: „Was wollen sie mit dem, daß man alt wird? Rührt diese laue, linde Luft den Mann nicht ebenso schmeichelnd an wie den zwölfjährigen Buben?" (D III S. 439 ff.)

In einer Tagebuchnotiz vom 16. 12. 1891 schrieb Hofmannsthal: „Das Erwachen des Gedächtnisses (Hypermnesie) im Traum, in Krankheit, Gefahr, in der Sterbestunde." (Corona IX, 6 S. 677). So hatte schon das sterbende Ich in dem frühen Gedicht „Erlebnis" (Gedichte und lyrische Dramen S. 10 f.) sich selbst als Kind am Ufer stehen sehen in der Stunde des unwiderruflichen Abschieds, und in ähnlicher Weise sind die Gefühle Jedermanns die Vorgefühle eines Sterbenden. Schon zu Beginn der Szene ergab sich eine Beziehung zwischen dem Motiv des Lichts und dem Schicksal der Toten, gleichzeitig verweist das Sonnenlicht aber auch auf das Liebesabenteuer. Die Motive werden am Schluß des Fragments wiederaufgenommen: Licht, Traum, Kindheit, Schlaf weisen auf den Tod, der die ganze Zeit über gewartet hatte auf den Mann, der in seinem unerfüllten Leben der Schönheit und des raffinierten Genußes niemals warten wollte. „Der Tod tritt hinter dem Apfelbaum hervor", mit dieser Regieanweisung endet die Prosafassung des „Jedermann", die keine direkte Beziehung aufweist zum geistlichen Spiel vom Sterben des reichen Mannes.

Während die Prosafassung zurückweist auf Motive und Stilelemente aus Hofmannsthals Frühwerk, ist die spätere Fassung des „Jedermann" in Anlehnung an fremde Vorlagen entstanden. Vier Jahre später erschienen einzelne Szenen in der „Zeit" (Wien 1910) und ein Jahr darauf in der Zeitschrift „Neue freie Presse". „Jedermann" ist nun in Knittelversen geschrieben, der Autor hält sich wieder deutlicher an sein englisches Vorbild und übernimmt auch einzelnes aus Hans Sachsens „Comedi vom reichen sterbenden Menschen". Entscheidender aber als diese literarischen Bezüge ist die Orientierung der endgültigen Fassung an den Problemen des 20. Jahrhunderts. Die Prosafassung des Spiels war nach Thema und Gestalt nach rückwärts gewandt. Glanz und Gefahr einer einseitig ästhetischen Lebenshaltung war ein Problem einer versinkenden Epoche. Nun versuchte Hofmannsthal eine Antwort zu geben auf bedrängende soziale und moralische Fragen einer neuen Zeit:

„Hofmannsthal war ohne Zweifel außerordentlich besorgt über den wachsenden Materialismus zu Beginn des 20. Jahrhunderts ... Er erkannte, daß die Überzeugung vom unaufhaltsamen Fortschritt auf der Grundlage der neuen Naturwissenschaft, die begeisterte Absage an die alten Glaubensinhalte und ihren Systemen privater und öffentlicher Moral keineswegs automatisch ins Gelobte Land führten. Man kann sagen, daß diese anti-materialistische Haltung zu jener Bewegung in der deutschen Literatur gehört, die mit Nietzsche begann. In Hofmannsthals eigener Zeit waren die auffälligsten Exponenten dieser Haltung Stefan George und sein Kreis ... Es ist bezeichnend, daß der Protest des George-Kreises zu jenen Kultspielen führte, die die Gesellschaft ablehnen und die sich von ihr abwenden. Solche Werke sind in der Tat Gegenstücke aus dem Geist des Ästhetizismus zu Hofmannsthals Wiederbelebung des alten Moralitätenspiels. Er hatte dabei ein praktisches Ziel im Auge, nämlich die Erneuerung der Gesellschaft durch die Erneuerung des einzelnen Menschen." (Coghlan S. 18 f.)

„Hofmannsthal schrieb den Jedermann mit einem ausgeprägten Gefühl für zwei Werte: während die Stimme seiner sozialen und religiösen Überzeugung unmittelbar zu gegenwärtigen Problemen das Wort ergriff, sprach eine innere Stimme ‚sub specie aeternitatis', im prophetischen Wissen, daß einige Dinge, die man zu seiner

Zeit nicht verstand oder nur dunkel fühlte, kommenden Generationen offenbar würden. Die Geschichte des Jedermann ... könnte das in augenfälliger Weise deutlich machen. Es war eine Ironie des Schicksals, daß Jedermann erst nach dem Zusammenbruch des Habsburgerreichs in Salzburg aufgeführt wurde, inmitten des alten Europa, dessen kommende Auflösung Hofmannsthal so klar vorausgesehen hatte." (Coghlan S. 23; aus dem Englischen übersetzt vom Bearbeiter)

Angriffe gegen das neue Werk blieben nicht aus; vor allem der Vorwurf des Epigonentums führte zu einer scharfen Reaktion des Autors, der in einem Brief an Richard Strauß vom 19. 12. 1913 seine eigene schöpferische Leistung bei der Neufassung des alten Spiels deutlich hervorhob:

„Aber es hat noch nicht einer von diesen Zeitungslumpen sich überhaupt die Mühe genommen, das alte englische Ding mit meinem Gedicht zu vergleichen — zu sehen, daß ich nicht an einer alten Holzskulptur ein paar Finger dazugemacht habe, sondern daß ich ihm zu einer Hand, allenfalls zu einem halben, verstümmelten Kopf, eine ganze Figur gemacht habe — und nicht eben ohne dichterischen Beruf, wie mir scheint — sie nehmen's aber hin, wie die Kuh das Gras frißt ..."

II. Wort- und Sachkommentar[1]

S. 10 *Und kennen mich nit für ihren Gott:* anerkennen mich nicht als ihren Gott.
Und was darüber ... : was darüber hinausgeht.

S. 12 *Meierhöf:* Bauernhöfe.
anschaff: befehle

S. 13 *Daß dich das Fieber rüttel:* bekannter mittelalterlicher Fluch; daß dich das Fieber schüttle. Vgl. Hecastus 1. Akt (S. 99). „Und das dich auch der ritt muß schütten."

S. 14 *Fortunati Säckel:* Fortunatus, Held des frühneuhochdeutschen Prosaromans (1509), besitzt ein nie versiegendes Geldsäckel.

S. 15 *Selbig ist besessen alls:* all diese Dinge haben ihren Besitzer.

S. 16 *auf Zins ausliegen:* Zinsen bringen.

S. 18 *es dustert schon:* die Dämmerung bricht schon herein.
nit in der Hut: nicht in Ordnung.

S. 19 *Patron:* Schutzheiliger.

S. 20 *zeitlich und ewig Schmach:* Schande im irdischen und im ewigen Leben.
die vier letzten Dinge: der Tod, das Gericht mit seinen Folgen, Hölle oder Himmel.

S. 22 *abtrennen:* loslösen.

S. 23 *Mammon:* (aramäisch) Habe, Gewinn, Reichtum, auch personifiziert als Götze.
hint: hinten.

S. 24 *Plärrens ledig gehn:* nicht länger durch Weinen belästigt werden.

S. 25 *Angebind:* Geschenk.
Altan: Vorbau, Söller an einem Haus.

S. 26 *letzt:* erlabt.

S. 30 *unberaten:* ohne Rat.

S. 33 *Tritt auch den Augen was hervor:* es gibt auch etwas zu sehen.
Buhle/Buhlschaft: Geliebter/Geliebte.
Zimbel: kleine Orgelpfeife.

S. 34 *Du schlägst die Lichter mit eigenem Schein:* Dein Glanz übertrifft die Lichter.
Schalmei: Hirtenflöte.
Das ich zu dir mich nit verseh: was ich von dir nicht erwartet hätte.
Steh nit auf grüne Buben an: ich habe kein Interesse an unreifen Jungen.

S. 36 *gedrang:* gedrängt.
umstricken: umschlingen.

S. 38 *Potz Velten:* Potz Valentin.

S. 40 *besonders:* eigenartig.

S. 41 *mit der Sympathie kuriert sein:* sympathetische Kuren, d. h. Heilungen durch die geheimnisvolle Kraft von Körpern, die keine Arzneimittel sind.

---

[1] Die Seitenzahlen beziehen sich auf die Ausgabe der Ges. Werke von Herbert Steiner (Dramen III, 1957).

S. 43 *Floret silva undique:* ein Lied aus den Carmina Burana (13. Jhd.), das im Original so lautet:

Floret silva undique
nach mime gesellen ist mir we.
Gruonet der walt allenthalben,
wa ist min geselle alse lange?
der ist geriten hinnen,
owe, wer sol mich minnen?

S. 44 *Chelidonius:* der „Schwalbenwind", ein lauer Wind bei Frühlingsanfang.

S. 47 *Doch anderster als ich es schaffen kann:* doch anders als ich es fertigbringe

S. 48 *mir hält hintan:* fernhält.

S. 50 *Daß keine Furcht mich ginget an:* daß mich keine Furcht anginge (Konjunktiv)

S. 51 *schleun dich:* beeile dich.

S. 52 *aus dem Gesicht:* aus den Augen.

S. 54 *von mir getreulich sein verwesen:* von mir treu besorgt werden.

S. 55 *bist ohne viel von mir verstanden:* ich verstehe dich ohne weiteres.

S. 59 *Gott nehm deiner Seelen wahr:* Gott möge deine Seele beschützen.

S. 64 *nimm dich:* fasse dich.
von dir soll dran gegeben sein: im Stich gelassen werden.

S. 68 *gählings:* jäh.
nie kein: mundartl. (obd.) für „kein".
vor mich bracht: zuwegebrachte.

S. 71 *Ungebrannter Narr:* ein Narr, der sich noch nicht die Finger verbrannt hat.
Was ich in dich hab eingelegt / Darnach hast du dich halt geregt: dein Handeln war durch mich bestimmt.

S. 74 *Gebrest:* Krankheit.

S. 75 *vermischter Weis:* beide Gefühle, Schmerz und Trost, sind miteinander vermischt.

S. 83 *Laß dir dies mein Gebet anstehn:* laß dir mein Gebet gefallen.

S. 84 *leicht:* vielleicht.

S. 88 *richten:* ausrichten.

S. 89 *Und nur auf uns sein Tun anlegt:* sich in seinem Tun nur nach dem Teufel richtet.

S. 92 *Judas Makkabee:* Judas Makkabäus, jüd. Held, Sohn des Priesters Mattathias aus dem Geschlecht der Hasmonäer leitete seit 166 v. Chr. siegreich den Befreiungskampf der Juden gegen die syrischen Könige, fiel 160 in der Schlacht von Elasa.

III. Gang der Handlung

Das Stück beginnt mit einem Prolog. Der Spielansager erklärt den Charakter des Spiels: es ist ein geistliches Spiel, das eine Lehre verkünden will. Jedermann, d. h. uns allen, wird durch das Spiel von der Vorladung Jedermanns vorgestellt, „wie unsere Tag und Werk auf Erden vergänglich sind und hinfällig gar." Jedermanns Zeit ist vergänglich, Jedermanns Werke sind unzulänglich.

Nach dieser Einleitung wird Gott der Herr auf seinem Thron sichtbar. Das Stück, von dem es im Prolog geheißen hatte: „Der Stoff ist kostbar von dem Spiel", ist gleichsam durch einen doppelten Rahmen eingefaßt und in ein zweifaches Bezugssystem gestellt. Auf die Betonung des Spielcharakters durch den Sprecher des Prologs folgt vor der eigentlichen Spielhandlung ein Dialog zwischen Gott und Tod auf der himmlischen Bühne. Man könnte auch sagen: auf einen Prolog mit weltlichem Inhalt folgt ein geistlicher Prolog in der Form einer Wechselrede auf der himmlischen Bühne. Dieser zweite „Prolog" ist ein fester Bestandteil der Handlung; er vertritt die Stelle der Exposition im klassischen Drama. Eine actio beginnt in einem als Jenseits gedachten Bereich, die folgenden Vorgänge zeigen die reactio der betroffenen Personen. Gott will nicht länger mitansehen, wie die Menschen in Sünden dahinleben, ohne sich um das Heil ihrer Seele zu kümmern. Sie haben auch den Bund vergessen, den Gott durch den Opfertod seines Sohnes mit ihnen eingegangen ist. Nun ist die Geduld des Allmächtigen zu Ende. Hier wird noch von den Menschen im allgemeinen gesprochen; erst am Schluß konzentriert sich die Drohung auf die Gestalt, die für alle Menschen steht in diesem Lehrstück, auf Jedermann. Gottes starker Bote, der Tod, wird beauftragt, Jedermann vorzuladen, damit er Rechenschaft ablege über sein Leben. Jetzt beginnt das eigentliche Spiel mit dem Auftreten der Hauptperson, die in ihrem gesellschaftlichem Umkreis gezeigt wird.

In dramaturgisch geschickter Weise wird Jedermann gleich als Handelnder vorgestellt. Er schickt seinen Knecht weg, damit er den Hausvogt herbeihole. In der Zwischenzeit führt er ein Selbstgespräch: Er freut sich an seinem Wohlstand, an seinem „köstlichen Hausrat", an seinem ausgedehnten Landbesitz. Schon in diesen ersten Worten erscheint ein bedeutungsvolles Motiv. Hatte Gott der Herr noch in allgemeiner Weise getadelt, daß das Trachten der Menschen „auf irdisch Gut allein" gerichtet sei, so wird nun im Monolog Jedermanns deutlich gemacht, woran das Herz des reichen Mannes in besonderer Weise hängt, an seinem „schönen Schatz von gutem Geld". Dieses Nachsinnen über den Wert des Geldes ist dadurch motiviert, daß Jedermann, als er aus seinem Haus tritt, merkte, daß er seinen Beutel mit Geld vergessen hat. Er braucht das Geld, um den Lustgarten zu bezahlen, den er kaufen will. Deshalb schickt er den Vogt ins Haus, damit er ihm das Vergessene bringe. Trotz seiner Liebe zu Besitz und Geld ist Jedermann aber kein Geizhals, keine Karikatur, kein primitiver, habgieriger Mensch, sondern ein energischer, kluger Mann auf der Höhe des Lebens. Geschickt und überlegt geht er mit seinem Reichtum um, sein Wort hat Gewicht, er versteht seine Knechte sicher und selbstbewußt anzuleiten. Sein Lebensstil entspricht seiner sozialen Stellung; er führt ein großes Haus, um das er sich persönlich kümmert. Alles Kleinliche ist ihm zuwider; er verbietet seinem Koch, für das Frühmahl des nächsten Tages irgendwelche Reste zu verwerten. Seine unbefangene Freude an seinem stattlichen Besitz mag ihm der Zuschauer durchaus gönnen, aber seine Worte, vor allem die scharfen, herrischen Befehle an seine Dienerschaft, zeigen neben dem großzügigen und geschickten Geschäftsmann doch immer deutlicher den hochfahrenden, überheblichen Reichen. Wir merken, daß die „Vorstellung" Jedermanns gleichzeitig ein Prozeß der Entlarvung ist. Der nächste Schritt geschieht mit dem Auftreten des Armen Nachbarn. Er bittet den reichen Mann um Hilfe. Jedermann will ihn mit einem Almosen abspeisen, aber der ehemalige Hausnachbar will sein „nachbarlich Bruderteil". Das Bild des reichen Mannes wird vervollständigt, voller Selbstmitleid beklagt er seine vielen Verpflichtungen, die alle Geld kosten. Seine Verteidigung gipfelt in der sophistischen Feststellung, daß nur ein Schilling für den Armen Nachbarn übrigbleibe, wenn er tatsächlich sein ganzes Vermögen unter alle Bedürftigen aufteile. Und diesen Schilling wirft er ihm lässig zu, eine Handlungsweise, die sein Freund, der Gute Gesell, beifällig kommentiert.

Nach dieser Begegnung betritt der Schuldknecht die Bühne, „von zwei Bütteln geführt, hinter ihm sein Weib und seine Kinder in Lumpen", so heißt es in der Regieanweisung. Die Szene mit dem Armen Nachbarn und die Schuldknechtszene gehören in gewisser Weise zusammen, beide Begegnungen verlaufen ähnlich, in beiden Episoden wendet Hofmannsthal eine ähnliche poetische Technik an. Während die äußere Handlung darin besteht, daß ein Bedrüftiger eine Bitte vorbringt, und der Besitzende sie abschlägt, entfaltet sich die innere Handlung um so stärker: es geht um die soziale Verantwortung des Reichen und um die gesellschaftliche Funktion des Geldes. Während die Frau des Schuldknechts in ihrer naiven Frömmigkeit meint, Geld sei in erster Linie ein Mittel, um tätige Nächstenliebe zu üben, während der Schuldknecht selbst der irrigen Meinung ist, „Geld ist wie eine andere War'", belehrt sie Jedermann in einer wohlgesetzten Rede eines besseren: Geld ist etwas ganz Besonderes. Seine Verwendung entspricht einer fortgeschrittenen Kulturstufe, Geld ist ein Zaubermittel, das die Menschen fast gottähnlich macht, so verkündet er. Alles ist käuflich, nicht nur Land und Knechte, sondern auch ein „gerechtsam Teil" von des Kaisers Recht, das von Christus selbst eingesetzt worden sei. Ein ambivalentes Phänomen ist das Geld: für die Frommen ist es in erster Linie ein Mittel zur Linderung menschlicher Not, für Jedermann aber etwas Pseudo-Göttliches. Die Worte „Tabernakel", „Reverenz", die in diesem Zusammenhang verwendet werden, zeigen den pervertierten religiösen Charakter, den Jedermanns Verehrung des Geldes angenommen hat.

Im Gespräch zwischen Jedermann und Schuldknecht ist der reiche Mann zwar keineswegs bereit, den Schuldbrief zu zerreißen. Er beruft sich dabei auf das Legalitätsprinzip: ein rechtmäßiger Prozeß hat zur rechtmäßigen Verurteilung geführt, „Verträge und Rechte" sind eindeutig. Jedermann versäumt es, Gnade vor Recht ergehen zu lassen; er erfüllt die verzweifelte Bitte der Frau des Schuldknechts nicht, ihr Mann muß in den Turm. Trotzdem ist er aber auch hier nicht vollkommen hartherzig oder ganz und gar unbarmherzig. Seinem Durchschnittscharakter entsprechend — der Zuschauer muß sich mit ihm identifizieren können — entschließt er sich dann doch dazu, die ärgste Not der Familie zu lindern und ihr ein Unterkommen zu verschaffen. Wenn diese Hilfe auch nicht aus spontanem Mitgefühl entspringt, wenn für diese bescheidene Tat auch weniger sein gutes Herz als vielmehr seine Empfindlichkeit verantwortlich ist, so verrät sie doch eine gewisse, wenn auch rudimentäre Menschlichkeit.

Die Begegnung mit dem Armen Nachbarn und vor allem das Zusammentreffen mit dem Schuldknecht haben Jedermanns Nerven doch recht zugesetzt:

> Jetzt aber, daß ich es ehrlich sag,
> Steht mir der Sinn nit mehr danach,
> Daß ich einen Lustgarten anschau.

Er beauftragt seinen Gesellen, den Gartenkauf ins Reine zu bringen. Nach all diesen Aufregungen ist für den geplagten reichen Mann der Gedanke an den Garten, den er für seine Freundin kaufen möchte, eine tröstliche Hoffnung; der Garten ist für ihn ein Bezirk der Heiterkeit und Schönheit, ein Bereich des paradiesischen Friedens, abgegrenzt gegen die Anforderungen und unbequemen Ansprüche der Umwelt. Jedermann erreicht das Ziel seiner Wünsche, das irdische Paradies, nicht, obwohl schon bei seinem ersten Auftreten der Plan, einen Lustgarten zu erwerben, seine Handlungen bestimmte. Unliebsame Begegnungen hatten zwar seine Absicht in den Hintergrund gedrängt, aber er verlor trotzdem sein Ziel nicht aus den Augen. Der Gartenkauf steht in Beziehung zu seiner Freundin: er will ihn Buhlschaft als „Angebind" präsentieren. Damit ist eine Verbindung aufgezeigt, die weiterführt zur nächsten Begegnung. Es ist ein Wunsch seiner Mutter, daß ihr Sohn, der immerhin schon vierzig Jahre alt ist, endlich das Sakrament der Ehe respektiert. Er soll seine Beziehung mit seiner Freundin den Forderungen der Kirche entsprechend legalisieren. Die Gestalt der Mutter ist von besonderer Bedeutung. Bisher war Jedermann nur mit Untergebenen oder Abhängigen zusammengetroffen, jetzt tritt ihm seine Mutter mit einer gewissen Autorität gegenüber, einer Autorität, die sich auf ein höheres Gesetz, auf einen göttlichen Auftrag, gründet. Jedermanns Antworten verraten einen oberflächlichen und unreifen Charakter, sein Christentum ist äußerlich, ohne rechte Beziehung zu seinem Leben, eine hohle Konvention:

> Wir sind gute Christen und hören Predigt
> Geben Almosen und sind ledig.

Die Mahnungen seiner Mutter, doch auch an die Vergänglichkeit alles Irdischen zu denken, sind ihm recht lästig. In einer Stichomythie stehen sich Rede und Gegenrede gegenüber, bis schließlich als Ergebnis der Auseinandersetzung Jedermann einlenkt: er will, wenn die Zeit gekommen sein wird, „sicher noch ehelich werden". Diese Worte machen die Mutter sehr glücklich, sie wird aber von ihrem Sohn schnell verabschiedet. Damit ist ein gewisser Handlungsabschnitt erreicht: nach einigen Befehlen an seine Diener, an Koch und Hausvogt, nach dem Zusammentreffen mit dem Armen Nachbarn und nach der Begegnung mit dem Schuldknecht und seiner Frau, steht als Abschluß die Begegnung mit der Mutter. Das hartherzige, selbstsüchtige Verhalten des reichen Mannes wird immer eindringlicher demonstriert, gleichzeitig aber wird durch des Schuldknechts Weib und vor allem durch Jedermanns Mutter dieses Verhalten sub specie aeternitatis beurteilt und kritisiert. Nach dieser ersten Handlungseinheit, man könnte von einem ersten Akt sprechen, der den weltlichen Charakter der Hauptperson schonungslos bloßlegt, leitet Hofmannsthal in kunstvoller Weise über zum 2. Akt: Im Abgehen hört die Mutter einen Ton „gar schön wie Flöten und Schalmein", von dem sie glaubt, er komme aus außerirdischen Bereichen. Jedermann stutzt einen Augenblick, aber dann erkennt er die natürliche Ursache dieser Musik: Buhlschaft kommt heran, in ihrer Begleitung Musikanten und Buben mit Windlichtern. Der 2. Akt ist, dramatisch gesehen, der Höhepunkt des Stücks. Er beginnt mit der Vorbereitung zur Festszene, umfaßt das Bankett mit der Erscheinung des Todes und schließt mit der Mammonszene.

Die Festszene beginnt mit einem Dialog zwischen Jedermann und Buhlschaft. Komplimente werden gewechselt, aber dieses Zwiegespräch ist schon von einer gewissen Dunkelheit umschattet. Buhlschaft bemerkt, daß ihr Freund nicht heiter ist, sie versucht ihn aufzumuntern. Unversehens wendet sich das Gespräch dem Alter zu. Jedermann mit seinen vierzig Jahren hört mit

Freude die Versicherung, daß Buhlschaft „nit auf grüne Buben" anstehe, daß ihre Liebe dem reifen Mann gelte. Jedermanns trübe Gedanken treiben das Gespräch weiter, mit einer gewissen Abruptheit wird die Assoziationsreihe Lebensalter — Jugend — Tod weitergeführt. Jedermann denkt hier zum erstenmal an den Tod. Aber dieser Gedanke, der aus einer tieferen Schicht seines Wesens zu kommen scheint, wird sofort wieder verdrängt: die Liebe vertreibt böse Ahnungen und trübe Gedanken. In gewisser Weise ist durch den Dialog die folgende Festszene vorbereitet und das zentrale Motiv angeschlagen:

Der Tod ist wie die böse Schlang
Die unter Blumen liegt verdeckt.

Die Dialektik von Lebensgenuß und Todesdrohung bestimmt auch das folgende Geschehen. Aber zuerst wird auf eine sehr sinnfällige Weise vor Augen gestellt, was mit den „Blumen" gemeint ist: Lebensfreude, Liebe Geselligkeit, Musik und Lichter, Gastfreundschaft, tänzerisches Schreiten, Tafelfreuden bestimmen den Charakter der Festszene. Hier wird kulinarisches Theater, ein Augen- und Ohrenschmaus in einer Szene geboten, die als Kontrapunkt wirkt zu der holzschnitthaften, herben Manier der vorhergehenden und den gefühlsmäßig-verhaltenen, predigthaften Szenen am Schluß des Spiels. Auch hier das Prinzip der Reihung: Jedermann und Buhlschaft, dann die Gäste, zehn Junggesellen und zehn Fräulein, schreiten in einem Reigen hintereinander die Treppe hinauf, die zum oberen Gerüst führt, auf dem der reichgedeckte Tisch steht. Ein Vorsänger beginnt ein Lied, die Gesellschaft fällt ein, die Fröhlichkeit erreicht im Erlebnis der geselligen Verbundenheit einen ersten Höhepunkt. Die heitere Stimmung unterbricht unvermittelt die doppelsinnige Anrede Jedermanns:

Seid allesamt willkommen sehr,
Erweist mir heut die letzte Ehr.

Die unter Blumen versteckte Schlange hat zum erstenmal den Kopf gereckt. Auf diesen Versprecher folgt ein optisches Phänomen: der Gastgeber sieht plötzlich die Gäste im Totenhemd dasitzen. Die Anwesenden versuchen, unter Hinweis auf eine mögliche Melancholie Jedermanns entschlossen die Störung der Festesfreude vergessen zu machen.

Die Bankettszene ist nicht nur durch ihre theatralische Wirksamkeit der Mittelpunkt des Spiels, sondern auch durch die Engführung der beiden zentralen Motive Tod und Reichtum (*Sterben* des *reichen Mannes*). So ist es folgerichtig, daß Jedermann ein drittes Mal aus der Rolle fallen muß. Er stellt sich vor, und sagt es seinen Gästen auch, daß er mit seinem Geld alle kaufen und wiederum verkaufen könne. Jedermann wird in den folgenden Szenen Mammon, zuerst in herrischer Manier, dann flehentlich, zu bewegen versuchen, ihn auf seiner Todesreise zu begleiten. Dieses Verhalten ist schon in der Bankettszene angedeutet. Die halbunbewußte Existenzbedrohung führt zu einer typischen Reaktion des reichen Mannes, er sucht Zuflucht bei seinem Zaubermittel; das Geld, das ihm Menschen und Dinge zur Verfügung stellt, soll ihm auch das Leben im Angesicht des Todes weiter verfügbar machen. Und auch die notvolle Suche des vom Tod zur Rechenschaft aufgeforderten Jedermann nach einem Menschen, der ihn auf dieser Reise begleiten soll, klingt schon an in der Frage Jedermanns an Buhlschaft:

> Willst mich geleiten nach der Stätte.
> Und teilen mein eiskaltes Bette?

Jedermann „starrt vor sich hin und tut sich den Kranz aus dem Haar", während die Nebenpersonen, Magerer Vetter, Dicker Vetter, einige Fräulein, das Wort führen und sich über Heilmittel unterhalten, die die mittelalterliche Alchimie gegen Melancholie für angezeigt hielt. Mittelalterliche Atmosphäre beschwört auch das leicht abgewandelte Lied aus den Carmina burana: „Floret silva undique." Musik soll den Trübsinn verscheuchen. Das scheint auch zu gelingen: Jedermann wiederholt jetzt seine mißlungene Begrüßungsrede und feiert Liebe und Freundschaft, Wein und Musik; anschließend singt der dünne Vetter ein komisches Lied, die Stimmung erreicht einen zweiten Höhepunkt.

In die allgemeine Fröhlichkeit dringen Glockentöne, die wieder nur Jedermann hört und die ihn in Todesangst versetzen. Diesmal gelingt es nur schwer, ihn zu beruhigen. Die Gäste singen und lachen, Jedermanns Gesell hat inzwischen den leeren Platz am Tisch eingenommen, auch er beteiligt sich jetzt an dem Versuch, seinem Freund die melancholischen Anwandlungen auszutreiben. Die fürchterlichen Rufe „Jedermann", die jetzt von allen Seiten ertönen, sind wieder nur der Hauptperson vernehmbar. Gesell, Buhlschaft, Vettern versuchen sie als „Widerhall von ihrem Singen", als „Ohrentrug", als bloße Einbildung zu deuten. Zum letzten Mal läßt sich Jedermann beschwichtigen, diesmal ist die Rede, die er hält, um sich und den anderen zu beweisen, daß er seine merkwürdigen „Zufäll" überwunden hat, verräterisch kurz. Bei seiner letzten Rede („Seid fröhlich Vettern und liebe Gäst") hatte er noch wortreich und eloquent die Lebenslust in 26 Verszeilen gepriesen, jetzt kann er sich gerade noch zu einer matten Ansprache aufraffen, die 12 Zeilen in Anspruch nimmt. Die Lichter brennen immer trüber, und nun erscheint der, der unbemerkt schon anwesend war, der Tod. Der Dialog Tod — Jedermann bezieht sich in der Sache und in der Tonart auf das Gespräch zwischen Gott und Tod zu Beginn des Spiels. Gott hatte ja seinem starken Boten unmißverständlich aufgetragen, er solle noch „am heutigen Tag" Jedermann zur Rechenschaft ziehen. Dieser Tag im Leben Jedermanns wurde dem Zuschauer vorgestellt. Er war ausgefüllt mit Besitzstreben, Verteidigung des Besitzes und seinem Genuß, die Mahnungen und Hinweise auf die Verantwortung des reichen Mannes gegenüber seinen Mitmenschen und seinem Schöpfer wurden in den Wind geschlagen, die Todesdrohungen wurden immer stärker, aber auch der Genuß des Lebens wurde gesteigert; bis zur Kulmination in der Festszene wird die Nähe dieses Lebens zum Tode offenbar. Das Widerstreben Jedermanns, die Art, wie er den Tod zuerst herrisch anfährt und eine Frist beansprucht, erinnert an mittelalterliche Vorbilder, in denen der Tod als hartnäckiger Feind alles Geschaffenen beschimpft wird, (wie z. B. im „Ackermann aus Böhmen"). Schließlich verlegt sich der reiche Mann aufs Bitten, und jetzt zeigt sich, daß der moderne Tod gnädiger ist als der mittelalterliche, er gewährt eine Frist.

Mit diesem Motiv beginnt ein neuer „Reigen". War der erste Reigen dadurch charakterisiert, daß Jedermann den Menschen, die ihm nacheinander begegneten — Gesell, Schuldknechts Weib, Schuldknecht, Jedermanns Mutter, Buhlschaft — seinen Willen aufzuzwingen versuchte, oder zumindest ihre Interessen und Sorgen nicht ernst nahm, so zeigt sich in der zweiten Begegnung mit den Menschen ein anderer Jedermann. Der Fordernde wird zum demütig Bittenden. Die Herzenshärte, die unverbindliche Höflichkeit, der Egoismus, die er seinen Mitmenschen entgegenbrachte, werden ihm nun selbst zuteil. Derjenige, der ihm auch in einem wörtlichen Sinne am nächsten stand, war der Gute Gesell. Zwar hatten alle Festgäste nichts von den Todesvorzeichen gesehen oder gehört, aber als der Tod selbst auftrat, war er allen sichtbar. Der Gesell hatte die Worte des Todes aus nächster Nähe mitangehört. Auf die Bitte Jedermanns, ihn zu begleiten, versucht er zuerst mit konventioneller, aber heuchlerischer Höflichkeit Zeit zu gewinnen, umso eindeutiger aber ist sein „Nein", als die Sache ernst wird, als er hört, daß es von dieser Reise keine Wiederkehr gibt: „Dann, bei Gotts Tod, bleib ich hintan." Auch die Vettern sind nicht, wie die anderen, bei der Erscheinung des Todes geflohen. An sie wendet sich Jedermann um Hilfe, denn er erinnert sich an die Bande der Blutsverwandtschaft. Aber sie ergehen sich in Redensarten und Sprichwörtern, machen Witze und entrüsten sich schließlich über die Zumutung, denn:

> Es ist nicht üblich, in solcher Weis
> Die Leut zu beschicken zu einer Reis.

Der Hinweis des Dünnen Vetters, er solle doch seine leibeigenen Knechte zu dieser Reise aufbieten, leuchtet Jedermann ein. Die herbeigerufenen Knechte schleppen auch die schwere Goldtruhe mit sich, da erscheint noch einmal die Figur des Todes, um Jedermann die Unvernunft seines Tuns vorzuhalten. Vor Schreck flüchten die Knechte und lassen die Truhe stehen. Durch diesen

Kunstgriff gelingt es Hofmannsthal, die nächste Figur des Reigentanzes einzuführen: den Mammon, der sich aus der zurückgelassenen Truhe aufrichtet. Gleichzeitig motiviert die Erscheinung des Todes ein längeres Selbstgespräch der Hauptfigur, in dem sie ihre Todesangst zum Ausdruck bringt und nach einem neuen Halt sucht: dieser Halt soll das Geld sein, das als Geldgötze, als Mammon, personifiziert und mit dämonischen Zügen ausgestattet ist. Die Quintessenz der Auseinandersetzung zwischen Jedermann und Mammon zeigt sich in Mammons Worten:

> Ich steh gar groß, du zwergisch klein
> Du Kleiner wirst wohl sein der Knecht.

Nach der Mammonszene schreibt die Regieanweisung vor: „Jedermann ohne Sprache, eine lange Stille." Eine Zäsur in der Handlungsführung wird deutlich, eine Reihe von zusammengehörenden Ereignissen wird abgesetzt gegenüber der kommenden Handlung. Vorbereitung der Festszene, Bankett, Erscheinung des Todes und Mammonszene erscheinen als Handlungseinheit, jetzt beginnt das Spiel aufs neue auf einer anderen Ebene. An weltliches Treiben wird der geistliche Maßstab angelegt. Entsprechend der Tradition des „moral play" treten personifizierte Abstrakta auf. Zuerst die kranke Gestalt der Werke, die Jedermann in einer Art Rückfall in seine alten Gewohnheiten zuerst barsch abweist, weil er sich nicht mit fremden Sorgen belasten will. Zu seiner Überraschung ist diese Gestalt aber bereit, mit ihm zu gehen. Als er auf sie zugeht, richtet sie sich „mühselig an ihren Krücken auf". In einer Art Predigt hält „Werke" dem reichen Mann seine Versäumnisse vor, bis dieser voller Reue zusammenbricht. Auch Werke sinkt zu Boden, sie ist zu schwach, als daß sie Jedermann auf die Reise begleiten könnte. Doch sie weiß einen Rat, ihre Schwester „Glaube" soll gebeten werden, mitzuziehen. Glaube wird hergerufen, auch sie redet Jedermann ins Gewissen und tadelt seinen unentwickelten Glauben, wobei sie ihm die Lehre des christlichen Katechismus eindringlich vor Augen hält. Schließlich überwindet Jedermann seine letzten Zweifel und bekennt sich zum Glauben.

An dieser Stelle der Handlung wird auf dem oberen Teil der Bühne ein Mönch sichtbar, an ihn wird Jedermann verwiesen, der soll seine Seele vollends reinwaschen. Während Jedermann im Gebet verharrt, zeigt sich unterhalb der Stelle, an der er kniet, im Dunklen Jedermanns Mutter, die gerade in Begleitung eines Knechts auf dem Weg zur Frühmette ist. Die Haupthandlung verharrt hier auf der Stelle; ein kurzes Gespräch zwischen Jedermanns Mutter und ihrem Knecht wird gleichzeitig in den Vordergrund gerückt: die alte Frau hört eine überirdische Musik, die sie als Zeichen nimmt für die Bekehrung ihres Sohnes. Nachdem die beiden weitergezogen sind, setzt die Haupthandlung wieder ein. Während dieses Stillstands hat sich das Mysterium der Verwandlung vollzogen, das Krumme ist gerade, das Heillose heil geworden — eine Verwandlung, die Hofmannsthal nicht darstellt, sondern an ihren Folgen ablesbar macht: Glaube spricht dem Sterbenden Mut zu, „Werke hat ihre Krücken von sich geworfen und tritt zu ihnen", Jedermann folgt dem Mönch, während Werke und Glaube im Gebet verharren.

Diese einheitliche Handlungsfolge wird unterbrochen durch ein Satyrspiel. Der dumme Teufel des Volksaberglaubens versucht mit derber Komik, seine Rechte auf Jedermanns Seele geltend zu machen. Glaube und Werke, die aus ihrem Gebet aufgeschreckt wurden, verlegen ihm den Weg. Wie in Goethes Faust nehmen auch Engel am Kampf teil. Schließlich endet die Auseinandersetzung mit dem Ertönen des Sterbensglöckleins. Ewigkeit hat angehoben, der Teufel hat verspielt..

Inzwischen tritt oben auf dem Schauplatz Jedermann hervor, als Pilger gekleidet. Werke und Glaube begleiten ihn zum offenen Grab, der Tod geht hinter ihnen her. Jedermann steigt ins Grab und spricht sein letztes Gebet, Glaube spricht das Schlußwort:

> Heil ihm, mich dünkt, es ist an dem
> Daß ich der Engel Stimmen vernehm,
> Wie sie in ihren himmlischen Reihn
> Die arme Seele lassen ein.

Damit schließt die dritte Handlungseinheit, die mit dem Auftreten von Werke und Glaube beginnt und im Mysterium der Verwandlung Jedermanns kulminiert. Das Wiederauftreten von Jedermanns Mutter verklammert den 1. und 2. Teil des Spiels und verdeutlicht seine Bekehrung. Die wiedereinsetzende Haupthandlung wird nochmals durch die Teufelszene unterbrochen, eine Szene die allerdings eher stört, weil sie keine echte dramatische Funktion hat. Schließlich endet das Spiel mit der Grabszene.

IV. Gedanken und Probleme

Erst verhältnismäßig spät befaßte sich die Hofmannsthal-Forschung mit dem „Jedermann". War die ältere Literatur fasziniert von der Aufgabe, Hofmannsthals Selbstinterpretation „Ad me ipsum" in Beziehung zu setzen vor allem mit seinem Frühwerk, die Begriffe „Präexistenz", „Magie" und „Mystik" als Grundlinien seines Schaffens in seiner Lyrik und seiner frühen Prosa zu erkennen (W. Brecht), so wandten sich spätere Interpreten seinem Drama „Der Turm" zu, das man eine Zeit lang für den Gipfel seines Schaffens hielt und auf dessen Bedeutung schon Walter Benjamin in den zwanziger Jahren hingewiesen hatte („Literarische Welt" vom 9. 4. 1926). In den letzten Jahren sind die Lustspiele in den Mittelpunkt kritischen Interesses gerückt, vor allem die Komödie „Der Schwierige", die Hans Mayer „die gültigste Leistung des Dichters" genannt hat.

Demgegenüber schienen Hofmannsthals Mysterienspiele für kritische Interpretation und Kommentierung weniger ergiebig; das Hauptinteresse richtete sich bei ihnen schon immer stärker auf die Art ihrer szenischen Verwirklichung. So ist es vielleicht symptomatisch, daß Bertolt Brecht als junger Journalist sich zwar zur „schmierenhaften" Aufführung des „Jedermann" in Augsburg äußerte, aber über die Dichtung selbst kein Wort verlor. (Vgl. das Kapitel Theatergeschichte S. 56). Erst Karl Naef gab in seinem 1938 erschienenen Buch eine knappe, nicht unkritische Deutung des „Jedermann". Ausführlicher befaßte sich Edgar Hederer in einem Kapitel „Jedermann und Welttheater" mit dem Werk. Er ging dabei wie alle späteren Interpreten von Hofmannsthals beiden Aufsätzen aus („Das alte Spiel von Jedermann" und „Das Spiel vor der Menge" 1912) und zeichnete einfühlsam den Handlungsablauf nach. Coghlans Buch „Hofmannsthal's Festival Dramas" (1964) zieht die Verbindungslinie zwischen dem Spiel und dessen Entstehungszeit und klärt strukturelle Bezüge. Die Untersuchung Erkens gilt Hofmannsthals dramatischem Stil; sie geht ein auf das Verhältnis symbolischer und allegorischer Gestaltungselemente im Dienst des Enthüllungsvorgangs und zieht Verbindungen zu Hofmannthals Dramaturgie überhaupt. Wichtig vor allem ist der Hinweis auf die poetologische Bedeutung des Terminus „Spiel". Erken sieht in diesem Begriff eine Art Gattungsbezeichnung. ein Leitwort, das die „Scheinhaftigkeit der Spielform" bewußt machen und ästhetische Distanz schaffen soll. Der Rahmen, den sich die Arbeit Kobels setzt, ist enger gefaßt. Kobels Interesse gilt vornehmlich den Gestalten des Dramas. Er untersucht z. B. das Verhältnis der Hauptfigur zu deren sozialer Umwelt, ihre Einstellung zum Geld, aber auch Jedermanns Haltung gegenüber Zeit und Ewigkeit. Coghlan, Erken und Kobel stimmen in ihren Deutungen weitgehend überein, sie stützen sich auf Hofmannsthals Erklärungen zu seinem Spiel.

Es sind vor allem gehaltliche Probleme, die in der Literatur über Hofmannsthals „Jedermann" erörtert werden: die Bedeutung des sozialen Verhaltens, die Rolle des Geldes, die Wandlung der Hauptperson, die Charakteristik der wichtigsten Figuren usw. In erster Linie ist es Erken, dem es auch um die Erörterung von Hofmannsthals Dramentechnik geht; er untersucht die Funktion einzelner Episoden für den Aufbau des ganzen Spiels. Erkens Untersuchungen werden in gewisser Weise ergänzt durch den Abschnitt „Beobachtungen zur Struktur des Spiels" (S. 39 f.).

Weniger interessiert zeigte sich die Forschung bisher auch an sprachlich-stilistischen Problemen. Deswegen schien es geboten, einmal Sprache und Stil des „Jedermann" im Zusammenhang kritisch darzustellen und auch den Einfluß des Epochenstils (Impressionismus) auf die Gestalt und die Tonart des „mittelalterlichen" Spiels zu erhellen (S. 43 f.).

Diese Hinweise auf den Stil des Werkes machen auch den Anteil deutlicher, den Hofmannsthal an der Neugestaltung des alten Spiels hatte. Das Verhältnis von Vorlage und Nachdichtung soll ein Vergleich zwischen der Gestalt des Todes in „Everyman" und in Hofmannsthals „Jedermann" exemplarisch verdeutlichen (S. 36 f.).

Das Stück und seine Vorlagen

„Vergleicht man nun das Stück mit seinen Vorlagen, so überrascht bei Hofmannsthal auch eine neue dramatische Sinngebung und Erfüllung des ‚Spielens'. Er macht die Bühne zum Schauplatz eines farbenreichen sozialen Spiels. In seiner geselligen Atmosphäre ähnelt der Jedermann weitaus mehr dem Hecastus des Hans Sachs als dem englischen Everyman. Der Expositionsakt der deutschen ‚comedi' gipfelt in einer kurzen Spielszene. Anschaulicher konnte Hans Sachs die Gottvergessenheit, den irdischen Zeitvertreib, das In-den-Tag-hinein-Leben des reichen Mannes nicht dartun, als indem er ihn mit einem Freund beim Spiel zeigt, wobei ihn nun plötzlich als erste Todesankündigung ein heftiges Seitenstechen überfällt. Was hier sinnfälliges Detail ist, wird bei Hofmannsthal zur Mitte der Erneuerung. Allerdings wandeln sich dabei Form und Bewertung des Spiels. Aus dem konkreten Spielchen wird ein ausgedehntes Fest, das jedoch vollkommen als ein geselliges Spiel stilisiert ist: Spielleute leiten es ein, Jedermann und Buhlschaft werfen sich ihre Vierzeiler wie Bälle zu, Vorsänger und Chor lösen sie ab, unter allerlei Tänzen und Zeremonien werden die symmetrisch aufgeteilten

Plätze eingenommen, Lieder werden vorgebracht und mitgesungen. Die Darstellung zielt bei alldem offenbar nicht mehr auf moralische Bloßstellung der Völlerei, wie es noch Hans Sachs bezweckte mit seiner Koch-Szene und doch nur beiläufig verfolgte, da der Höhepunkt des Gastmahls bei ihm fehlt und nur am Ende, als Hecastus bereits tot ist, alle übrigen ungerührt zu Tische gehen. Bei Hofmannsthal tritt diese moralisierende Absicht ganz zurück, seinem Jedermann fehlt bei aller Holzschnittmanier die lehrhafte Direktheit und Naivität einer Bühnenpredigt zur Besserung und Umkehr, und er ist auch kein Bekehrungsdrama nach barockem Zuschnitt. Denn dieser Jedermann hat durchaus gewinnende Züge und agiert nicht ohne das Einverständnis der Zuschauer — wie es Hofmannsthal für die Uraufführung selbst bestätigt (PIII 122) —; in seinem Namen liegt nicht a priori ein Vorwurf des Autors gegenüber dem Publikum. Die im Prolog vorausgeschickte Lehre spricht nur noch von der Vergänglichkeit des Irdischen und nicht mehr von Sünden (wie im Everyman), und der im Vorspiel Gott-Teufel hergestellte Bezug auf eine kirchliche Morallehre (ebenfalls gekürzt) wird in den Folgeszenen nur noch sporadisch erneuert, von Randfiguren, die innerhalb der ‚objektiven' Darstellung der irdischen Verhältnisse zu Parteigängern und Mahnern relativiert sind, ebenfalls keinen allgemein verbindlichen Standpunkt mehr vertreten. Das Vorspiel begründet eher eine Spannung als eine moralische Urteilsperspektive. Und da sich Jedermann auch korrekt im Sinne aller irdischen Gesetze verhält, scheint die Instanz, die ihn richten darf, zunächst zu fehlen.

Diese Tendenzlosigkeit sichert dem Dichter auch in einem Spiel, in dem man sie am wenigsten erwartet, die Freiheit der künstlerischen Überzeugung. Und die erreicht er hier durch theatralische Zurichtungen, welche die Ansprüche ethischer Demonstration weit übersteigen." (Erken S. 15 f.)

Jedermanns Verwandlung

„Die Verwandlung setzt damit ein, daß Jedermann, von unbegreiflicher Angst ergriffen, Stimmen hört, die aus der Ferne laut seinen Namen rufen. Es ist nicht etwa der Tod, der fragend nach Jedermann sucht, als ob er nicht recht wüßte, wo er ihn finden könnte. In der Inszenierung Max Reinhardts ... sitzt der Tod, noch bevor der angstvoll zur Seite getretene Jedermann die Rufe hört, auf dem leeren Stuhl an der Tafel. So muß es der Ruf des Gewissens sein, den Jedermann vernimmt. Und zwar erreicht ihn diese Stimme erst jetzt, da der Tod nahe ist, da das Bollwerk der Lebenssicherungen versagt und das Nichts eindringt. Sie gibt keine Anweisungen, keine Gebote und Verbote; sie ruft ihn beim Namen, sie ruft den Menschen auf zu ihm selbst, sie will ihn aus der Verlorenheit seines Daseins in das eigentliche Dasein holen ... Er hätte diesen Anruf schon in der Begegnung mit der Mutter vernehmen können, aber er hörte ihn nicht, weil er nicht hören wollte. Wenn er ihn jetzt, im Angesicht des Todes, doch vernimmt, ist dies ein Zeichen dafür, daß er sich heranrufen lassen will. Das eigentliche Selbst ist in ihm erwacht und ruft ihn zu sich ... Diese Verwandlung vermag freilich nicht, das Geschehene rückgängig zu machen und das Vertane zurückzubringen: die Werke bleiben schwach und krank (78); aber sie macht bereit für den Glauben, daß auch die Erneuerung des Gewesenen möglich ist, ja daß sie in der Ewigkeit schon geschehen ist und ständig geschieht. Die Ewigkeit kennt kein Nichtwiedergutzumachendes und kein Unwiederbringliches, weil in ihr die Zeit nicht einsinnig ist. Sie ist die volle Gegenwärtigkeit, daher kennt sie auch nichts Ausstehendes: das Künftige ist in ihr schon eingetreten." (Kobel S. 225).

Jedermanns Verhältnis zur Zeit

„Jedermann ist in ein solches Hie und Nun gebunden ... Alles zu seiner Zeit: dies ist hier der Leitspruch. Es ist eine Zeit des Jungseins und eine Zeit des Altseins, eine Zeit des Blühens und eine solche des Verblühens. Man soll nichts übereilen, man muß die Dinge reifen lassen, jedes hat sein zeitliches Gesetz. Diese durchgängige Orientierung am Leitfaden der Natur — Natur, wie sie vom Entwicklungsgedanken her ausgelegt ist — wird der Kritik unterworfen. Jedermann ist, wie Claudio, ein Tor, ein Narr (67), er führt sich auf, als verfüge er über die Zeit, als sei er Herr der Zeiten und überblicke sie. Weil er stets Zeit vor sich zu haben und sie berechnen zu können meint, hat er stets die Ausflucht bereit: „Ist halt noch allweil die Zeit nit da" (31). „Auch morgen ist halt noch ein Tag" (32). Nun wird dem zeitlichen Gesetz, wonach alles in der Folge seinen Platz hat, die Jederzeitlichkeit entgegengesetzt: Einkehr und Buße haben nicht ihre Zeit, sie sind allstund; der Tod steht nicht in der Ferne, sondern ist stets nah; ... Der Mensch wird nicht aus der Zeit herausgerissen, sein Wesen wird nicht in die Zeitlosigkeit gesetzt, er soll in die Zeit hineingebracht werden, in die eigentliche Zeit, die das wahre Leben ist. Diese eigentliche Zeit beginnt nicht erst mit dem Tod. Das Jedermannspiel lehrt nicht die Welt verachten und predigt nicht Weltflucht. Es handelt von der Verwandlung aller Dinge durch den Glauben. Als ein Beispiel solchergestalt verwandelten Lebens zeigt Hofmannsthal in seinem Spiel die Mutter, als Modell dieser Verwandlung nennt er auch hier die Ehe ..." (Kobel S. 227)

Das christliche Element

„Bedenkt man, daß Hofmannsthal 1911 gleichzeitig an Ariadne und am Jedermann arbeitete, so wird man hier nicht sofort der Nietzeschen Antithetik ‚Dionysos gegen den Gekreuzigten' verfallen, sondern beide Sphären primär als wertneutrale Stilwelten nebeneinander begreifen ... Hofmannsthal hat ... selbst öffentlich darauf hingewiesen, daß der Jedermann mit dem christlichen Dogma nicht unlöslich verbunden sei (PIII 115) ... Nur im uneigentlichen Sinn soll und kann also ... von den ‚christlichen' Vorstellungselementen bei Hofmannsthal die Rede sein." (Erken S. 166)

Die Bedeutung der Festszene

„Wer sich der szenischen Wirkung des Jedermann vorbehaltlos überläßt, der spürt, wie sich in der Festszene als dem theatralischen Höhepunkt ein Leben zusammenfaßt und darüber hinaus alle menschlichen Bezüge im geselligen Spiel verdichten. Die Tafel wird zum großen Sinnbild des Lebens, des Lebens schlechthin, so gut und schlimm es sei. Nur noch vordergründig erscheint der reiche Jedermann als der Gastgeber, im Grunde ist er Mitspieler wie jedermann. Nicht er lädt zum Fest, das Leben gibt es ihm und stellt sich im Spiel selbst dar. Indem Hofmannsthal die rein psychologische Perspektive beim Zuschauer durch ein theatralisches Mehr an ‚Spiel' außer Kraft setzt, gewinnt er erst die Möglichkeit, jedermanns Leben in den Mittelpunkt der Gestaltung zu rücken und es zugleich zu durchleuchten. Denn nun erst wird der individuelle Mangel Jedermanns, daß er die Doppelbödigkeit des Lebens, dem er sich eingeordnet und hingegeben hat, nicht begreift und in ihm die transzendenten Gegenbilder, die ihm gewiesen werden: die Ehe zur Buhlschaft, der innere Reichtum zum äußeren, das Schuldbuch zum Schuldenbuch, nicht wahrnimmt, als ein allgemeiner und religiöser Mangel künstlerisch darstellbar. Im Spiel ordnet sich die bunte Mannigfaltigkeit des Lebens zu einem faßlichen Bild, wird es durchschaubar in seiner Gesetzmäßigkeit. Dabei garantiert gerade die Wertneutralität und Zweckfreiheit des Spielens die Transzendenz. Der Modus des Spielens gewinnt symbolische Repräsentanz." (Erken S. 16)

Das soziale Element

„Gegenüber der Dichtungsproblematik, die in den allegorischen Entwürfen um 1900 dominierte ... tritt nun im Jedermann ... das Soziale in allen Dimensionen beherrschend in den Vordergrund. Es bestimmt in der Idee einer ‚volksmäßigen Führung' (PIII 117) sogar das Verhältnis zum Publikum und damit alle künstlerischen Intentionen auf neue Weise ...

Es gehört zur ‚Symbolblindheit' Jedermanns, daß er nur die geselligen Freiheiten, nicht die soziale Verflechtung und Verpflichtung des Reichen kennt. Er muß ‚allerwegen gesellig sein' (51) und ignoriert die tieferen Zusammenhänge seines Daseins. ‚Als einer, der diese Sach nit kennt' (19), ‚nit bewußt' (18) steht er seiner Schuldigkeit gegenüber, hat er ‚nichts davon in Wissen' (19), kennt er seine Nachbarn und Mitmenschen nicht (‚Wer solls sein?') und will er ‚ihre Not nicht wissen' (24). So gerät er zunehmend in Verstrickungen und ‚weiß nit wie'.

Die soziale Problematik wird im ersten Teil des Spiels noch mehr in lebenden Bildern vorgeführt als in Handlung umgesetzt. Immerhin erreicht Hofmannsthal auch hier eine Art dramatischer Straffung, indem er das Hauptmotiv der Vorladung Jedermanns zum Gericht in Jedermanns Einladung und Zurichtungen zum Fest widerspiegelt. Im Erscheinen des ‚fremden Gastes' (vgl. 12) erreicht diese ironische Parallele ihren Höhepunkt und Abschluß. ‚Nun ist Geselligkeit am End' (51), und das soziale Spiel untersteht fortan einheitlich dem Motiv der Suche nach einem Geleit ...

In der dramaturgischen Abwicklung des sozialen Themas läßt sich nun eine verwandte Stufenfolge wie bei den Todesbotschaften beobachten, nämlich vom symbolischen Verweis bis zur ‚Allegorie des Sozialen'. Hofmannsthal hat auch in dieses Spiel sein ureigenstes Thema, das Sakrament der Ehe, eingeführt und sie als ‚heilige' soziale Chiffre der trügerischen geselligen Bindung an Buhlschaft und Festesgäste, ‚zehn Junggesellen (!) und zehn Fräulein', entgegengestellt. Wenn dann Jedermann am Ende seiner Suche in seinen Guten Werken allein das rechte Geleit findet, so hat sich das Problem ganz auf die allegorische Ebene verlagert, aber zugleich auch wieder zu demjenigen Sozialbereich hin verschoben, von dem es ausgegangen war: dem Verhältnis des Reichen zu den Armen. ‚Almosen und Mildtätigkeit' waren schon im Vorspiel als Bedingung für die Erlösung genannt worden (11)."
(Erken S. 213 f.)

Jedermanns soziales Verhalten

„Das Ewigkeitsgefühl, das der Besitz verleiht, ist jedoch leicht verstimmbar. Der Anblick der Not scheucht es aus seiner Ruhe auf (24). Jedermann kann es nur dadurch zu bewahren suchen, daß er sich unwissend stellt und zu vergessen versteht. So hält er sich die Armen vom Leibe, indem er sie mit Spenden lässig abfertigt und sich im übrigen durch den sozialen Kreis abschirmt, so verschließt er die Augen vor der eigenen Schuld, in die er als Fronherr seiner Schuldner verstrickt ist, so will er nicht an den Tod denken ... Das verschiedengestaltige Nichtwissenwollen macht deutlich, daß Jedermanns Erwerbstüchtigkeit angetrieben ist von der heimlichen Bedrohung durch das Nichts. Das Anhäufen von Besitz betreibt eine ständige Beruhigung und Sicherung des Daseins." (Kobel S. 224)

Die Gestalt des Mammons

„Auch im Jedermann erweist sich der Mammon (und nicht die dramaturgisch unbedeutende Kasperlfigur des Teufels) als Regent des irdischen Lebens, als dämonische Verdichtung nicht nur der Gelder des ‚reichen Mannes', sondern als Sinnbild der lebensverfallenen Existenz ‚Jedermann' überhaupt, und somit als der eigentliche Gegenspieler Gottes. Und wieder wird das Wirken dieser Gegenkraft im Verlauf des Spiels erst symbolisch angezeigt, bevor es sich allegorisch enthüllt. Schon in den Vorstellungen der ‚Abrechnung' und des ‚Schuldbuchs' spiegelt sich das himmlische im irdischen Kräftespiel. Jedermann ist der Schuldknecht des göttlichen Richters, sein Name steht auf einem Schuldschein Gottes. Die Möglichkeit seiner Errettung aber liegt darin, daß Christus ‚Jedermanns Schuldigkeit' in Ewigkeit ‚vorausbezahlt' hat (89). Doch Jedermann verkennt dies noch. Während seinem Schuldknecht das Geld bereits als ‚des Teufels Fallstrick, und ‚des Satans Fangnetz in der Welt', als ‚ein verflucht und zaubrisch Wesen' erscheint (21 f.), weist er ihm quasigöttliche Funktionen zu ... Seine ‚Predigt' gibt ‚dem Mammonsbeutel Ehr, Als obs das Tabernakel wär' (23), bis ihn zuletzt die Gestalt des Mammons selbst darüber belehrt, wie sehr der falsche Gott in seiner Seele regiert hat. So steht auch hier wieder die allegorische Verdeutlichung am Ende des Enthüllungsprozesses ..." (Erken S. 216 f.)

Die Gestalt des Todes

In Hofmannsthals Drama „Das Salzburger Große Welttheater" begegnet uns folgende Regieanweisung: „Tod ist schwarz gekleidet, mit Mantel, weißem Hut und Degen" (D III S. 254). Im Spiel vom Sterben des reichen Mannes ist das äußere Erscheinungsbild des Todes nicht durch eine Szenenanweisung angedeutet; doch wir haben einen Bericht des Dichters über eine Aufführung seines Dramas unter der Regie von Max Reinhardt. Dort wird die Erscheinung des Todes folgendermaßen geschildert: „... der andere war der Tod, so wie ihn Holbein und die übrigen Maler der

Totentänze dargestellt haben, mit fahlem Gesicht, kahlem Schädel, gekleidet als ein fahrender Mann, und mit einer kleinen Werbetrommel um den Leib. Auch trug er eine hürnene Laterne in der Hand, damit erleuchtete er selbst sein Gesicht." (Prosa III S. 121). Diese Charakterisierung des Todes scheint ziemlich genau Hofmannsthals Vorstellungen gerecht geworden zu sein, und es ist in der Tat der grimmige, schreckenerregende Tod der mittelalterlichen Totentänze, der in der Dichtung Jedermann vor Gottes Richterstuhl fordert. So hatte schon der unbekannte Verfasser des englischen „Everyman" die Gestalt des Todes gesehen, und die Worte, die Hofmannsthal die Figur des Todes sprechen läßt, sind zum größten Teil wörtliche Übersetzungen aus diesem alten „moral play".

Zu Beginn des Spiels wendet sich Gottvater an den Tod mit folgenden Worten: „Where art thou deth ẙ mygthy messenger" und Hofmannsthal übersetzt:

Wo bist du, Tod, mein starker Bot?
Tritt vor mich hin.

Das kurze Gespräch zwischen Gott und Tod, das wörtlich von der älteren Vorlage übernommen ist, zeigt den Tod als einen harten und unerbittlichen Gewalthaber, der die sündigen Menschen im Auftrag Gottes dahinrafft:

Herr, ich will die ganze Welt abrennen
und sie heimsuchen Groß und Klein,
die Gotts Gesetze nit erkennen
und unter das Vieh gefallen sein.

Durch erhöhte Anschaulichkeit hat Hofmannsthal die Grausamkeit des Todes an einer Stelle noch stärker betont als die Vorlage. Everyman ruft in seiner Not zu Gott:

. . . save me from the power of my enemy
For deth assayleth me strongly.

Die entsprechende Stelle im Drama „Jedermann" heißt:

O mein Erlöser, den Schöpfer erbitt,
daß er beim Ende mir gnädig sei,
Wenn der höllische Feind sich drängt herbei,
Und der Tod mir grausam die Kehle zuschnürt.

Eine entscheidende Veränderung zeigt sich aber darin, daß Hofmannsthal nicht wie der Verfasser des mittelalterlichen Mysterienspiels auf das Zwiegespräch zwischen Gott und Tod den Dialog zwischen Tod und Jedermann unmittelbar folgen läßt, sondern daß er dazwischen verschiedene neue Szenen einschiebt, die aus einer bloßen Nachdichtung eine Neuschöpfung machen.

Jedermann als allegorisches Theater

„Erst mit dem Jedermann erreicht Hofmannsthal eine Stufe des allegorischen Theaters, auf der die personifizierten Mächte im Bereich einer menschlichen Handlung vollgültig dramatisch wirksam werden. Er erreicht sie durch den Rückgriff auf einen bereits vorgeformten Stoff, und zwar auf einen soweit vorgeformten, daß man von ‚Stoff' kaum mehr sprechen kann. Denn er übernimmt ja keine individuell und historisch bestimmbaren Menschen und Ereignisse, sondern eine Modellfigur in festgelegten Bezügen, eine Konfiguration mit unabtrennbarem Gehalt, die sich in einer allegorischen Fabel zeitlich entfaltet. So stammen gerade die wesentlichen Handlungsmotive aus seinen Vorlagen; in seinem dramaturgischen Gerüst bleibt das geistliche Spiel unverändert ... Hofmannsthal war sich bewußt, daß er damit ‚unsäglich gebrochenen Zuständen ein ungebrochenes Weltverhältnis' gegenüberstellte (PIII 64 f.). Ein eingeschobener Prologvers betont: ‚Der Hergang ist recht schön und klar'. Das ist der entschiedene dramatische Gewinn gegenüber der fragmentarischen Prosafassung von 1906, die damit abbricht, daß der Tod hinter einem Apfelbaum hervortritt (DIII 446), ein Vorgang, der symptomatisch zeigt, wie sehr die Personifikation hier noch in Hofmannsthals differenzierte Fruchtsymbolik gebunden, wie unmündig sie noch als dramatis persona ist.

Doch auch im Jedermann werden die starken allegorischen Bewegkräfte symbolisch umgeschmolzen. Die Vorladung erfolgt nicht wie im Everyman so, daß der Tod den Menschen nach dem göttlichen Auftrag sofort unvermittelt antritt. Hofmannsthal gönnt Jedermann den Raum des halben Stücks, um sich als menschliche Figur zu beglaubigen und sich in seinem irdischen Machtbezirk, ‚einer kleinen Gottheit gleich' (22) zu entfalten. Er läßt damit in die allegorische Kargheit und Strenge des Everyman manches von der realistischen Lebendigkeit des Hecastus einfließen, schafft aber nicht nur einen ‚Ausgleich' durch Kombination, sondern etwas wesentlich Neues, und zwar nicht nur im Detail (Einführung des Armen Nachbarn, der Familie des Schuldknechts, der Mutter, Umwandlung des Eheweibs in die Buhlschaft etc.), sondern in der Gesamtkonzeption ... Jedermann ist nicht nur das allegorische ‚Spiel vom Streben des reichen Mannes', sondern auch das symbolische von dessen Leben. Die ‚Lehre' des ‚media in vita in morte sumus' wird nicht unmittelbar demonstriert, sondern ist zunächst aus dem gezeigten Leben ‚auszuspüren' (Prolog). Durch das angekündigte Botengehen des Todes aber wird der Zuschauer bereit, Jedermanns Leben transparent zum Tode zu sehen, die vielen symbolischen Botschaften und Todeszeichen darin zu erkennen und ihre Steigerung zu verfolgen ... So weit reicht also der erste große

Spannungsbogen aus dem Motiv der Vorladung. Die Entwicklung, die sich dabei vollzieht, ist beispielhaft für Hofmannsthals Dramaturgie, ja es ist die Grundform seines Enthüllungs- und Läuterungsdramas. Ihr Ziel ist, daß der symbolische Charakter des Lebens erkannt werde. Dazu dient im allegorischen Theater die erst im sinnbildlichen Zeichen verhüllte, sich steigernde und zuletzt unmißverständlich von einer höheren Macht ausgesprochene und mit einem Eingriff in die Handlung besiegelte ‚Botschaft'.

Durch diese Gestaltungselemente wird deutlich, auf welche Weise sich Hofmannsthal auch dramatisch ‚im Allegorischen bewährt', wie er sich durch die Personifikation höherer Mächte eine Handlung ermöglicht, ohne deren Ablauf als Vorwand einer begrifflichen Deduktion, als allegorische ‚Gewalttat' zu entwerten, wie er vielmehr nur ein in mannigfachen ‚Zeichen' offenbartes symbolisches Gleichgewicht gegensinniger Werte (Leben-Tod, gesellig- sozial, Mammon-Gott) allegorisch trennt, um es aus dem Zuständlichen in dramatische Bewegung überzuführen." (Erken S. 209 — 211)

Beobachtungen zur Struktur des Spiels

Impressionistische Stilelemente

Der Impressionismus in der Literatur ist gekennzeichnet durch die sensible Umsetzung von Eindrücken, durch die präziseste Beobachtung von Dingen und Dingdetails. In reicher Facettierung wird die erlebte Welt abgespiegelt, Welt und Ich verschmelzen in schwebender Stimmung. Bedeutsam für diese Kunstrichtung wird „die Eroberung der Nuance" (Pongs); die sinnlich wahrgenommene Realität dient als Hintergrund für den ästhetischen Genuß von Formen, Farben, Düften, Tönen; die feinsten Schwingungen des Gefühls soll eine hochdifferenzierte Sprache erfassen, andeuten, ahnen lassen, eine Sprache, die sich häufig „musikalischer" Elemente bedient. Die Dinge werden nicht nur um ihrer selbst willen geschildert, sie wirken auch als Stimmungsträger, als atmosphäreschaffende Zeichen, sie sind gleichsam Töne mit vielen Obertönen.

„Schildern willst du den Mord? So zeig mir den Hund auf dem Hofe: / Zeig mir im Aug von dem Hund gleichfalls den Schatten der Tat." (Ged. u. lyr. Dramen S. 90) In diesem Epigramm hat Hofmannsthal ein wichtiges Element seiner Poetik formuliert: Dinge und Wesen sollen Spiegel des Erlebens sein. Es ist kein Zufall, daß der Spiegel ein bedeutungsvolles Motiv in seinem Werk ist. Aber auch die Struktur vieler Werke Hofmannsthals ist durch ein Netz von Bezügen bestimmt: entscheidende Vorgänge verändern das Gesicht der Umwelt im Augenblick des Geschehens, aber auch schon im voraus. Zeichen des Kommenden sind als Vorausdeutungen oder wie Hofmannsthal mit einem bezeichnenden Ausdruck sagt, als „Vorausspiegelung" (Die Erzähl. S. 82) in den Kontext eingefügt. Sie schaffen Stimmung, Atmosphäre, sie sind ein wichtiges Stilmittel impressionistischer Dichtungstechnik.

So wird auch im Spiel vom Sterben des reichen Mannes das zentrale Geschehen, nämlich die Erscheinung des Todes, auf kunstvolle Weise vorbereitet. Zum ersten Mal begegnet uns das Motiv des Todes in den Worten, die das Weib des Schuldknechts zu Jedermann spricht:

> Trägst du mit Ruh der Waisen Fluch
> Und denkst nit an dein eigen Schuldbuch,
> Das zu mußt vor den Richter bringen
> Wenn's kommt zu den vier letzten Dingen?

Seine Mutter, die schon mit einem Fuß im Grab steht, mahnt ihn noch eindringlicher, an den Tod und das Heil seiner Seele zu denken. Die aufeinanderfolgenden Vorzeichen werden immer deutlicher, immer bedrohlicher scheint der Tod seinen Schatten vorauszuwerfen. Zuerst legt die alte Frau Jedermann ans Herz, er solle immer daran denken, daß er einmal sterben müsse. Vorher schon hatte sie ihn daran erinnert. daß ihm „... von heut auf morgen leicht ..." eine Botschaft von Gott erreichen könne, jetzt stellt sie ihrem Sohn vor Augen, wie schwer es ist, wenn man sterben muß: „Mein Sohn, es ist ein arg Ding zu sterben." Zuletzt scheint in den Worten der alten Frau, die spürt, daß sie bald eine Sterbende sein wird, etwas mitzuschwingen, als ob sie hellsichtig geworden sei für das künftige Schicksal ihres Sohnes:

> Willst du den Kopf in den Sand stecken
> Und siehst den Tod nit, Jedermann,
> Der mag allstund dich treten an?

Noch deutlicher zeigt sich die Hellsichtigkeit der Mutter, als sie auf die Ausrede ihres Sohnes, es sei immer noch Zeit, Buhlschaft zur Ehefrau zu nehmen, die bedeutungsvolle Antwort gibt: „Und doch der Tod schon gar so nah."

Obwohl Jedermann den Gedanken an seinen nahen Tod weit von sich gewiesen hat, wird er doch in der Gastmahlszene von seltsamen Gefühlen übermannt, die Hofmannsthal in seinem Essay „Das alte Spiel von Jedermann" als „die Vorgefühle eines Sterbenden" bezeichnet hat (PIII/S. 127). Die von außen kommenden Vorzeichen, die Mahnungen seiner Umwelt haben sich jetzt im Innern Jedermanns selbst zu subjektiven Vorahnungen verdichtet, die er aber immer noch nicht zu deuten weiß. In unaufhaltsamer Steigerung führt die Linie der Vorausdeutungen weiter bis zum Erscheinen des Todes. Die Erinnerung an den Tod verschafft ihm zuerst „Melancholie und Not";

doch dann scheint er selbst von ihm Besitz zu nehmen. Gegen seinen Willen begrüßt er seine Gäste mit folgenden Worten:

> Seid allesamt willkommen sehr,
> Erweist mir heut die letzte Ehr.

Jedermann spricht wie ein Sterbender, seine Gäste sieht er im Totenhemd dasitzen. Immer wieder kreisen seine Gedanken um seinen nahen Tod. Die drei letzten Todesvorzeichen sind „ein dumpfes Glockenläuten", dessen Schall Jedermann als „laut und todesbang" empfindet, und der Ruf vieler Stimmen, die aus dem Jenseits zu kommen scheinen. Schließlich kommt es Jedermann so vor, als ob die Lichter auf der Tafel ihren hellen Schein verlören:

> Nun aber sag um Gott, mein Lieb
> was brennen die Lichter also trüb?

Jetzt erst, nach diesen Vorbereitungen erscheint der Tod.

Nicht nur Vorgänge, Dinge und Menschen sind Zeichen des Kommenden, sondern auch die Zeitbezüge innerhalb des Spiels haben symbolischen Charakter. Die Zeit spiegelt den Einbruch des Zeitlosen in die Welt der Vergänglichkeit. Durch ihr gebrochenes Verhältnis zur Zeit verrät die Hauptfigur ihr gebrochenes Verhältnis zum Leben und damit ihre Nähe zum Tod. Die irdische Zeit wird durchlässig für die Ewigkeit.

Zeit- und Handlungsstruktur

Die Zeitverhältnisse sind zwar nicht immer klar markiert, aber es spricht doch manches dafür, daß die eigentliche Handlung an einem Nachmittag beginnt. Jedermann, der seinen Garten anschauen möchte, verliert nach einigen unliebsamen Begegnungen die Lust dazu:

> Jetzt aber, daß ich es ehrlich sag,
> Steht mir der Sinn nit mehr danach
> Daß ich einen Lustgarten anschau
> Auch wird es duster schon und grau.

Der Abend ist vorzeitig hereingebrochen. Die Festszene spielt in der Nacht, mehrmals werden die Lichter erwähnt, die auf dem Tisch stehen. Das Auftreten des Todes, der Abschied Jedermanns von den Menschen seiner Umgebung, seine Wandlung im Gespräch mit „Werke" und „Glauben" schließlich ereignen sich in den vorgerückten Nachtstunden bis zur Morgendämmerung. Am Schluß tritt noch einmal Jedermanns Mutter auf, die, wie es heißt „nächtlings zu der Morgenmett" geht. Aus diesen wenigen Angaben läßt sich ungefähr die Zeitstruktur des Spiels erschließen. Der Zeitablauf hat nicht nur vordergründige Bedeutung. Der vorzeitig hereinbrechende Abend symbolisiert im Werk Hofmannsthals das überraschende Anbrechen der Todesstunde. Der Abend ist für den Dichter eine Schlüsselmetapher; sie drückt gleichzeitig Ende und Fülle, d. h. Voll-Endung aus. „Und dennoch sagt der viel, der Abend sagt / Ein Wort daraus Tiefsinn und Trauer rinnt / Wie schwerer Honig aus den hohlen Waben“ heißt es in der „Ballade des äußeren Lebens“. (Ged. und lyr. Dramen S. 16) Sinnbildlich zu verstehen ist auch die Tatsache, daß die Szenen, in denen der rein weltliche Charakter der Zentralgestalt offenbart wird, ihre Ichbezogenheit, ihre Freude an Besitz und Macht in der Zeit vom Abend bis in die tiefe Nacht spielen. Ein Hauptthema barocker Dichtung klingt an: die Spannung zwischen Schein und Sein; intensiver Lebensgenuß auf dem Hintergrund der Nacht, die die Nacht des Todes sein wird, und Morgendämmerung eines neuen Tages im ewigen Licht Gottes, als Jedermann, der geläuterte Sünder, die Nacht des Todes durchschreiten muß. Diese Läuterung wirkt sich auch aus auf Jedermanns Verhältnis zur Zeit. Nach seiner Wandlung nimmt er ausdrücklich die Bitte um Aufschub zurück: „Dann ich nit Zögerung noch Aufschub such“ und erfüllt somit in indirekter Weise Gottes Befehl zu Beginn des Spiels. „Und heiß ihn mitbringen sein Rechenbuch / Und daß er nicht Aufschub noch Zögerung such“.

Hofmannsthals Spiel kennt keine Rückblenden, keine Sprünge oder Überschneidungen, Episode folgt auf Episode. Der einfachen Zeitstruktur entspricht die Handlungsführung, sie ist gradlinig, unkompliziert und sinnfällig. Die Hauptperson verläßt die Bühne nie; eine Reihe von Figuren zieht wie ein Reigen an Jedermann vorüber (Stationenstück oder Reigenspiel).

Aber zwischen den Personen des Reigens bestehen Wechselbeziehungen. So wirken die Worte, die das Weib des Schuldknechts spricht, wie eine Mahnung aus einer anderen Welt, wenn sie an den göttlichen Richter erinnert, vor dem sich Jedermann einmal verantworten müsse. Diese Gestalt ist in gewisser Weise auf die Gestalt von Jedermanns Mutter bezogen, durch deren Mund sich noch klarer Gottes mahnende Stimme vernehmen läßt; Mammon, der Geldteufel, ist ein Verwandter des Teufels, der am Schluß des Stücks vergeblich die Seele des reichen Mannes fordert; Armer Nachbar und Schuldknecht befinden sich in ähnlicher Lage, beide Episoden spiegeln sich wechselseitig. Deutlich verweist der Schluß auf den Anfang des Spiels. Die Aufnahme der armen Seele in die „himmlischen Reihn“ durch den Beistand von Glaube und Werke erinnert uns an die Ausgangssituation. Zu Beginn hatte der Tod gedroht, er werde dem Menschen den Zugang zum ewigen Leben verwehren, „es sei denn, daß Almosen und Mildtätigkeit / Befreundt ihm wären und hilfsbereit“. Bezüge und Entsprechungen zwischen Personen und Vorgängen schaffen ein Netz von Beziehungen, eine einheitliche poetische Welt.

„Spiel" als Gattungsbezeichnung und Leitwort

„Wenn Hofmannsthal seinen Jedermann wiederholt und ausdrücklich ein ‚Spiel' nennt, so paßt er sich damit zwar den gebräuchlichen Bezeichnungen seiner Vorlagen an (‚Mysterienspiel', ‚moral play'), aber eben doch nur teilweise. Andererseits erscheint der Begriff ‚Spiel' hier poetologisch prägnanter als im üblichen Sprachgebrauch, wo er in allen möglichen Zusammensetzungen allgemein die künstlerische Distanz anzeigt, wann immer vom Dramatischen die Rede ist . . .

Das ‚Spiel vom Sterben des reichen Mannes' soll als Gleichnis aufgenommen werden, insofern ist es ‚bloß' Spiel. Ein Spielansager gibt ihm den verfremdenden Rahmen, indem er direkt das Publikum anspricht und zweimal das Wort ‚Spiel' betont. So ergibt sich die ästhetische Distanz, die es erlaubt, der Spielregeln achtzuhaben. Zugleich aber wird das Publikum einbezogen: Jedermann spielt mit, das Glockenläuten und die Rufe ‚Jedermann' wirken über die Spielsphäre des Stücks hinaus und gelten Allen. Diese dialektische Konzeption bestimmt das Spiel nicht als bloßen Modellfall; sie zeigt genau an, auf welche Weise es Hofmannsthal in seiner historischen Situation wieder für nötig hielt, sich ‚im Allegorischen zu bewähren' (PIII 116). Der Rahmen schließt sich, wenn der Teufel gegen Ende des Stücks das Einverständnis des Publikums sucht. Vorbereitet und begleitet wird dieser direkte Bezug wieder durch die wörtliche Verdeutlichung, daß es sich um ein Spiel handle, eine Art Wettspiel nun zwischen Himmel und Hölle, an dessen Ausgang jedoch kein Zweifel bleiben soll. Der Teufel sieht die Engel hervortreten und konstatiert: ‚Sind die Gesellen auch im Spiel' (DIII 88). Ironisch bleibt die Einbeziehung der Zuschauer, wenn er sie nun fragt, ob hier ‚Zweifel im Spiel' seien, und um sie als Mitspieler wirbt. Glaube versichert ihm: ‚Auf deiner Seiten steht nit viel, / Hast schon verloren in dem Spiel' (89). So wird die Scheinhaftigkeit der Spielform durch das Leitwort wieder bewußt gemacht und gerade dadurch die Hoffnung auf die göttliche Gnade dem Lebensernst zurückgestellt. Musik antwortet dem ‚Glauben' als der letzte und stärkste Hinweis, der dem Spiel möglich ist." (Erken S. 14 f.)

Sprache und Stil

Es war das Ziel Hofmannsthals, die „treuherzige Wesentlichkeit der alten Sprache", die er an seiner englischen Vorlage, dem „Everyman", rühmte, nachzubilden. Sein unmittelbares Vorbild aber war der holzschnitthafte Stil des Hans Sachs in dessen Übertragung des lateinischen Schuldramas „Hecastus".

Im Blick auf diesen Dichter hatte sich im 18. Jahrhundert in Deutschland die Wiederbelebung des Knittelverses vollzogen. Der Knittelvers ist ein vierhebiger Vers mit freier Füllung, ursprünglich paarweise gereimt; er gilt als bieder und volkstümlich. Auch in Hofmannsthals geistlichem Spiel ist dieses Versmaß verwendet, nur bei der Reimordnung erlaubt sich der Autor eine gewisse Freiheit: neben den Paarreim tritt immer wieder der Kreuzreim. Die archaisierende Wirkung des Versmaßes wird unterstützt durch einen Sprachduktus, der wesentliche Eigentümlichkeiten der Sachsschen Ausdrucksweise übernimmt. Nach dessen Vorbild verändert er, abweichend vom neuhochdeutschen Gebrauch, bei vielen Wörtern die Vor- und Nachsilben. Da heißt es z. B. „Getier", „Zögerung", „Vermahnung", „zubenannt", „beschehn", „ausspüren", „bracht" (statt „gebracht"), „leicht" (vielleicht) usw.; häufig begegnet uns die Elision der Vokale: „allsamt", „heut", „Bot", „werd", „ohn", „genau". Besonders auffallend ist diese Erscheinung beim Partizip Perfekt. Hier heißt es nicht aufgerichtet, sondern „aufgericht", „befreundt" usw. Fast durchweg verzichtet diese altertümelnde Sprache auf Personalpronomina: „Hab ihnen die Dörn aus dem Fuß getan", oder „Muß ihm aufgeben einen Befehl". Die Verbindung der Wörter oder Satzglieder geschieht häufig nach dem Prinzip der unvermittelten Reihung (Asyndeton). Dieser Technik bedienten sich schon Goethe und Gerhart Hauptmann, wenn sie die Sprache des 15./16. Jahrhunderts nachahmen wollten. Bei Hofmannsthal klingt dies so:

Dein Vorsatz ist noch klein und schwach
Zielt doch auf ein heilige Sach.

Wie Hans Sachs bedient er sich im „Jedermann" der Freiheit des Frühneuhochdeutschen in der Wahl der Beugung des attributiven Adjektivs: „Ein köstlich Frühmahl befehl ich an . . . " oder „mein nachbarlich Bruderteil", „es ist ein arg Ding" usw. Von Sachs übernahm er z. T. fast wörtlich Wendungen aus der Sprachwelt des 16. Jahrhunderts. „Der schatz der ist so marterschwer" (Sachs); „Die Truhen, die ist marterschwer" (Hofmannsthal) oder „Du irdisch fleisch, duck dich und stirb" (Sachs) „Duck dich, Fleisch, und stirb!" (Hofmannsthal).

Wie Hans Sachs unterscheidet Hofmannsthal zwischen Nominativ und Akkusativ entsprechend dem Frühneuhochdeutschen: „auf die Gassen", „die Truhen"; wie Hans Sachs hat auch Hofmannsthal eine Vorliebe für Genitivkonstruktionen: „Der Almosens bedürftig ist", „des geistlichen Auges sind sie erblindt". Zu diesen alten Formen gehört auch das vor-lutherische „nit", das neben der neuhochdeutschen Form auftritt; veraltete Wörter wie „ergetzen", „dünkt", „frommen", anheben", „gebrechen" verstärken den Eindruck des Mittelalterlichen. Fremdartig wirkt die durch den Knittelvers bedingte Inversion, die sich ebenfalls in der „comedi von dem reichen sterbenden menschen“ findet:

Das ist ja meine Buhle wert
Nach der mein Herz schon hart begehrt.

Die Sprache des „Jedermann“ ist also eindeutig auf die Sachssche Sprache hinstilisiert. Hofmannsthal beschränkte sich aber nicht darauf, den Sprachstand des 16. Jahrhunderts zu imitieren. Seine Sprache ist ein kunstvolles, manchmal künstliches Idiom, ein Amalgam aus verschiedenen Elementen. Eine Verbindung von der älteren zu einer jüngeren Sprachschicht schaffen die zahlreichen Sprichwörter, die z. T. noch heute volkstümlich sind. („Bist wie der Fuchs mit sauern Trauben“, „Wasch mir den Pelz und mach ihn nit naß“). Viel verdankt Hofmannsthal auch der süddeutschen Mundart, in der Wortwahl („ersoffen“, „han“, „anschaffen“, „Häusel“), aber auch in den syntaktischen Fügungen (doppelte Verneinung „nie kein“, oberdeutscher Konjunktiv „daß keine Furcht mich ginget an“). Es kann nicht überraschen, daß sich zahlreiche Anklänge an das Lutherdeutsch feststellen lassen („Fährst in die Gruben nackt und bloß“ oder „Ich wasch in Unschuld meine Händ“); schon das geistliche Thema legt diese Beziehungen nahe. In einer anderen Schicht findet sich fast unverändert die Umgangssprache des 20. Jahrhunderts.

Hinter allen diesen Sprachmasken zeigt sich aber an *einer* Stelle ganz deutlich das Gesicht des impressionistischen Dichters Hofmannsthal. Im Dialog zwischen Jedermann und seinem Guten Gesellen entwirft der reiche Mann ein Bild von seinem „Lustgarten“, dessen Kauf schon beschlossene Sache ist. Das Motiv des Gartens durchzieht das ganze Werk des Dichters, und es ist interessant zu beobachten, wie sich bei diesem Hofmannsthal-Thema gleichsam spontan die Hofmannsthal-Sprache einstellt. Da ist die Rede vom springenden Wasser, von einer fließenden Badstube aus kühlem, glattem Stein, die sein soll „wie der Nymphe quillend Bette“ und vom Geruch der Blumen.

Mit diesen Feststellungen ist aber gleichzeitig auf eine gewisse Problematik des Hofmannsthalschen Sprachstils im „Jedermann“ hingewiesen. Die einzelnen Stilelemente sind nicht immer zu einer einheitlichen Sprachwelt zusammengefügt, die verschiedenen Sprachschichten stehen zuweilen unverbunden nebeneinander. Diese Erscheinung wird an folgendem Beispiel deutlich. Jedermann sagt:

... Solang einer im Glück ist,
Der hat Freunde die Menge,
Doch wenn ihm das Glück den Rücken kehrt,
Dann verläuft sich das Gedränge.

Diese Paraphrase des Sprichworts „Freunde in der Not ...“ ist in der Sprache des 20. Jahrhunderts gehalten. In den folgenden Zeilen scheint sich der Autor aber wieder plötzlich daran zu erinnern, daß er ja ein Spiel in mittelalterlichem Stil schreiben will, und er maskiert seine Ausdrucksweise entsprechend:

> O weh, so siehet das nun aus
> Schnürt mir die Kehl vor Angst und Graus.

Diese Maskierung wirkt nicht selten etwas forciert, vor allem dann, wenn das Sachssche Vorbild fehlt und der Autor eigenwillige, altertümelnde Wendungen erfindet, die nicht immer ohne weiteres verständlich sind. (Beispiel: „selbig ist besessen alls“ oder „... was ich in Mächten hab“). In diesen Zusammenhang gehören auch die immer wiederkehrenden Füllwörter, die der Reimzwang erforderlich zu machen scheint („Es ist an dem“ und es ist so „bewandt“).

Sprachlich der schwächste Teil ist wohl der Schluß des Spiels, vor allem die Verse, in denen die christlichen Heilswahrheiten verkündet werden. Der Predigtstil wirkt lehrhaft und spannungslos, es fehlt jenes Holzschnitthafte und Grobkörnige, jene „treuherzige Wesentlichkeit der alten Sprache“, die dem Autor vorschwebte.

Hofmannsthals Hinwendung zum „Volkston“

„Hofmannsthal sucht damit seine dichterische Sprache in einem umfassenderen sprachlichen Bereich zu legitimieren und zu beheimaten, sich dessen idiomatische Ausdrucksweise anzueignen und nutzbar zu machen und dabei außerdem gleichsam zitierend auf ihre Kostbarkeit und Fülle hinzuweisen. Etwas Demonstratives haftet allen diesen Versuchen an, die mit dem Rosenkavalier auch das Historische heranziehen und sich in dieser Richtung ... mit Ariadne auf Naxos und mit dem Vers-Jedermann unmittelbar fortsetzen ... Die stilistische Bedeutung der vielen offenkundigen oder versteckten Einzelzitate wäre ... ebenfalls zu erörtern. Hofmannsthals Schaffen ist zu bewußt, seine Kunst zu sehr die einer Spätzeit, als daß man hier von bloßer Anempfindung oder Anverwandlung sprechen dürfte. Die fremden Elemente werden nicht nur ‚eingeschmolzen‘, sondern auch ‚gezeigt‘, und ein sinnvoll modifizierter ‚Verfremdungs‘-Begriff ... ist hier durchaus am Platze. Bei all den genannten Erscheinungen handelt es sich letztlich auch wieder um Züge des Darstellens innerhalb der Darstellung, um symbolische Stilmomente, um eine besondere Art von ‚Poesie der Poesie‘.“ (Erken S. 256)

V. Theater- und Wirkungsgeschichte

Es war ein kühnes Unterfangen des Regisseurs Max Reinhardt, Hofmannsthals „Jedermann“ im Berliner Zirkus Schumann zur Uraufführung zu bringen. 5 — 6 000 Menschen sahen die Aufführung am 1. 12. 1911, die der Korrespondent „ein sonderbares Wunder“, einen „merkwürdigen Versuch“ nannte. Die Bühne war in der Art der alten Mysterienbühne gebaut: auf der obersten Stufe die himmlische Bühne, zwei Stufen weiter unten waren zwei irdische Schauplätze nebeneinander lokalisiert, Jedermanns Haus und sein Lustgarten.

Reinhardts Regiekunst verstand sich auf Effekte: bunte Kostüme, Musik, Ballettszenen, Glockenklänge verwandelten die primitive Zirkusszene, beeindruckten die Menge und erfüllten das Spiel mit prallem theatralischem Leben.

Die Aufführung des Theaterstücks im Zirkus fand bei der Kritik keineswegs einhellige Zustimmung. Daß die Wahl des ungewöhnlichen Schauplatzes auch den Stil der Aufführung beeinflussen mußte, darauf wies vor allem Alfred Kerr hin. Er sieht das „Groblinige“ und Holzschnitthafte der Inszenierung nicht als künstlerischen Gewinn, sondern als einen durch den Schauplatz bedingten Mangel an Nuancen, an künstlerischer Differenzierung. Der Regisseur habe aus Instinktlosigkeit für das Spiel den falschen Schauplatz gewählt, das ist auch die Meinung Jacobsohns.

Noch schwerer wiegt Kerrs Kritik an Hofmannsthals Spiel selbst: „Jedermann“ sei ein Mischgebilde, die beabsichtigte Synthese von Mittelalter und Neuzeit, von Schlichtheit und Kunstverstand sei gänzlich mißlungen. Der Dichter wird als „Löter von Mischwerten“ apostrophiert. Ebenso wie Kerr urteilt Else Lasker-Schüler scharf ablehnend. Sie tadelt die unechte Naivität und die falsche Religiosität des Stücks, die jeder Pietät ins Gesicht schlügen.

In den folgenden Jahren wurde „Jedermann“ in Wien, München, Augsburg und in anderen Städten mit wechselndem Erfolg aufgeführt. Erst 1920 fanden Autor und Regisseur den Platz, der wie geschaffen war für eine Aufführung des alten Spiels, den Domplatz in Salzburg, bei dessen Gestaltung Natur und Kunst, Geschichte und Gegenwart — so stellten die Kritiker, aber auch Hofmannsthal selbst immer wieder fest — in reizvoller Weise zusammenwirkten. Am 22. August 1920 begannen die Salzburger Festspiele mit der Aufführung des „Jedermann“. Das Spektrum der Meinungsäußerungen über diese Salzburger Aufführung und über die Dichtung reicht von Ergriffenheit bis zu sarkastischer Ablehnung. Ein besonders typisches Beispiel für eine unbedingte Zustimmung ohne Darlegung von Gründen ist Oscar

Bies Bericht: hier herrscht eine vage religiöse Gestimmtheit („Irgendetwas war hier erreicht worden“), tiefe Erschütterung wird zum Ausdruck gebracht. Andere Stimmen weisen auf die angebliche Uneinheitlichkeit der Reinhardtschen Inszenierung und auf die Gefahr einer gewissen Effekthascherei hin, aber auch ein Hinweis auf die fromme „Unwahrheit der Dichtung“ fehlt nicht (Liebstoeckl).

Im Jahre 1921 wurde das Spiel vor der Salzburger Domfassade wiederholt, bis 1926 trat eine Pause ein, dann wurde „Jedermann“ jährlich gespielt. Die Besetzung Österreichs 1938 unterbrach die Reihe der Aufführungen, erst 1946 erschallten die „Jedermann“-Rufe wieder über den Domplatz. Die Tatsache, daß Max Reinhardt von Anfang an Schauspieler von erstem Rang gewinnen konnte, verschaffte den Aufführungen internationales Ansehen. Natürlich trug auch die ideale Kulisse der Stadt Salzburg erheblich zum Erfolg der „Jedermann“-Aufführungen bei.

Die Regisseure, die für die späteren Inszenierungen verantwortlich waren (Hilpert, Thimig, E. Lothar), setzten die Reinhardtsche Tradition fort und begnügten sich mit behutsamen Änderungen. 1960 versuchte William Dieterle eine Erneuerung, die wenig Beifall fand. Auch die Neuinszenierung durch Gottfried Reinhardt (1961), der von Krenek eine neue Musik schreiben und von Heinz Rosen eine neue Choreographie entwerfen ließ, blieb ein Versuch, dem größerer Erfolg versagt blieb. Von 1963 an wurde die unveränderte Reinhardt-Inszenierung wieder aufgenommen.

Sechs Jahre später entschloß sich der Regisseur Leopold Lindtberg zu einer energischen Modernisierung des Hofmannsthalschen Stücks. Seine Inszenierung verzichtete nicht nur auf goldene Engel, sondern auch auf das psalmodierende Pathos zugunsten einer sachlichen Alltagssprache. Auch die Festmahlsszene wurde verändert, sie wird zum „lockeren Gelage“ (Hilde Spiel). Gottvater tritt persönlich auf, und der dumme „Volksteufel“ ist zum mittelalterlichen Advokaten geworden. Die wichtigste Veränderung aber hat die Gestalt des reichen Mannes erfahren: sein soziales Verhalten, nicht seine religiöse Läuterung steht im Mittelpunkt der Handlung.

Hilde Spiel sieht die Lindtberg-Inszenierung in Brecht-Nähe und bezeichnet den Versuch des Regisseurs, das Stück von Ballast zu befreien, als geglückt. Die Auflösung der traditionellen Tischgesellschaft findet zwar nicht ihre Zustimmung, aber die Kritikerin bejaht doch die neue Perspektive, die Lindtberg deutlich gemacht habe, nämlich die Wendung vom erbaulichen Mysterienspiel zum gegenwartsnahen Lehrstück. Demgegenüber ist der Theaterkritiker der „Zeit“, Hellmuth Karasek, von Lindtbergs Bemühungen, das alte Spiel zu modernisieren, nicht überzeugt worden. In seinen Augen lebt „Jedermann“ nur noch weiter als Salzburger „Trademark“, seine künstlerische Substanz erscheint ihm heute fragwürdig.

1. Uraufführung (1. 12. 1911, Berlin, Zirkus Schumann)

Im „Schwäbischen Merkur“ erschien am 1. Dezember 1911 folgender Bericht:

„In der circensischen Arena geschah ein sonderbares Wunder. Dreifach türmte sich eine hochgestaffelte Bühne und Himmel und Erde bot sich zugleich dem Auge der Sechstausend dar. Die ganze Welt erschauten wir so plastisch im Raume vor uns, und es vollzog sich ein altes dramatisches Spiel von Weltmoral und Erdensünden und Erdensühne. Max Reinhardt, dem unser Jahrhundert schon lange zu eng war und zu klein, ging diesmal mit einem Zauberstab in mittelalterlichen Finsternissen umher, und fand ein wunderliches Mysterium, „Jedermanns Ladung vor Gottes Thron“ genannt, ein „altes Spiel vom Sterben eines reichen Mannes“, das er in einer Nachdichtung Hugo von Hofmannsthals dem Theater neu gewinnen wollte. Aus seinem eifrigen Mühen entstand ein denkwürdiger Versuch von starkem Eindruck. Als erstes erstaunte die Auferstehung der alten Mysterienbühne, die in einfachen, derben Linien in der Manege gebaut war. Ganz oben umhegt ein goldgeziertes Gitter den himmlischen Bezirk, aus dem unsichtbar allen Gottes Stimme tönt. Dann geht es in zwei mächtigen Stufen zur Erde, zu den beiden aneinandergrenzenden Schauplätzen der weltlichen Handlung, dem Haus und Lustgarten des reichen Herrn Jedermann. Nirgends in diesem hohen Bau hatte Max Reinhardt seine Ausstattungskünste spielen lassen. Schmucklos und primitiv gestaltet er die drei Schauplätze und die Kunst seiner Regie (nicht ihre Künste) waltete erst in ihrer vollen Macht, als es die Darstellung galt; da durften Kostümmaler und Ballettmeister in Farben und Rhythmen schwelgen und das weite, überall zugängliche Rund der Arena ermöglichte eine überaus vielfältige Szene. Ein prächtiges Bild von farbentrunkener Buntheit, ein kleines Meisterwerk der Inszenierung war das Festmahl, das der reiche Jedermann seiner geliebten Buhle mit großem Pomp gibt. Und von starkem Reiz war dann das Todesahnen, das plötzlich seine dunklen Flügel über all den glitzernden Flitter legt, das Jedermann — ein Symbol für den Menschen und sein Erdenglück überhaupt — das Blut aus dem Gesicht treibt und ihn verharren läßt in rasender Angst. Und dann tritt der Tod mit hohlen Augen, hageren Knochen unter die zechenden Freunde. Sie fliehen und Jedermann bleibt allein zurück. Niemand, der ihm treu war und ergeben im irdischen Leben, will ihm folgen auf dem dunklen Weg in das Land, aus dessen Grenzen kein Wanderer jemals wiederkehrt. Selbst sein Mammon, der plötzlich in scheußlicher lebendiger Gestalt aus der eisernen Truhe springt, weigert ihm den Gehorsam. Nur seine guten Werke, verkörpert in einer schwachen, schmächtigen Frau, und der Glaube, den er plötzlich wiederfand, begleiten ihn auf dem schweren Gang vor Gottes Thron und wehren den gierigen Teufel ab.

Dies wunderliche Geschehen zog vorbei und schien wie ein altes Kunstwerk in Holzschnittmanier. Die Mimik und die Geste vor allem hatten jene drollige Plumpheit und Derbheit, die wir an bunten Heiligenbildern aus dieser Zeit schätzen. Groblinig und von grell starker Farbe wie die Szenenbilder war auch die Sprache der Dichtung, die Hofmannsthal nach einem englischen Original und nach Hans Sachsens Gedicht erneuert hatte. Und wenn wir die Bedeutung der Aufführung darin sehen dürfen, daß der Kreis der szenischen Möglichkeiten durch die Neubelebung der Mysterienbühne erweitert wurde, so ist auf der anderen Seite eine bemerkenswerte Wandlung im Schaffen Hofmannsthals von großem Interesse. Zum ersten Mal versucht sich der Dichter hier in der Nachdichtung eines volkstümlichen Poems. Mit gutem Stilgefühl trägt er keine modernen Momente in das alte Spiel, sondern wahrt mit möglichster Treue der Form den altertümlichen Charakter. Die Knittelverse haben bei aller Härte einen klingenden Rhythmus und sind von strotzender Kraft und Frische. Freilich wird Hugo von Hofmannsthal nicht an allen Bühnen einen so trefflichen Herrscher des Reimverses finden als es Alexander Moissi ist, der den Jedermann gab. Auch die übrigen Darsteller, besonders Wegner als klauenbewehrter scheußlicher Mammon und Mary Dietrich als mild versöhnender Glaube, erfüllten mit gutem Geschick, das eine sorgsame Regie zeigte, die Aufgaben, die die ungewohnte Bühne und eine ungewöhnliche Dichtung an sie stellten. Der Beifall wuchs zu einer stürmischen Huldigung für Max Reinhardt und Moissi. Auch Hofmannsthal stieg von seiner Loge in die Arena."

Bedeutend weniger wohlwollend als der ungenannte Berliner Korrespondent des „Schwäbischen Merkur" beurteilen andere zeitgenössische Kunstrichter die Berliner Uraufführung des Spiels. Am 3. Dezember 1911 schrieb der scharfzüngige Alfred Kerr:

„Moissi war herrlich. Voller Daseinskraft. Auch in jener Pose, die ein vergangener Stil fordert. In Mary Dietrichs beunruhigender Stimme lag des Glaubens felsenstarke Zuverlässigkeit; das Edel-Erzene; zugleich (mit Bewußtsein) allerhand Hysterie des zum Opfertod fanatisch wonneplärrenden Gemüts; — hervorragend war sie. Dazu ein Blauseidenes; ziemlich modern ... Dahinter jedoch lag, bei mancher guten Einzelkraft, die Verkafferung im Zirkus; als welche Stufungen, Abschattungen (auf die es ankommt) nicht zuläßt, sondern zum Brüllen, zur Kreischerei, zur Klotzigkeit zwingt. Als ob in der Malkunst ... statt Liebermanns und Leibls flugs Panoramenkitsch deutsche Regel werden sollte ..."

Nicht nur die Aufführung im Zirkus Schumann, sondern auch die literarische Form des modernen Mysterienspiels schien Kerr recht problematisch zu sein; er vermißte die einheitliche Gestaltung, „Jedermann" ist nach seiner Meinung weder alt noch neu, sondern ein unechtes Mischprodukt, so lautet der Tenor seines harten Urteils.

„Wenn Hofmannsthal einen Rothschildwitz (‚Kommunismus? auf Sie kommen zwei Gulden, — hier!'(in hanssachsisch-christlich altertümblichen Verslein mit umbständlicher Sprechweis gereimt und klug ausdrückt. Wenn die frumben Aktionäre voll Krippenschlichtheit im Zirkus vor vergüldeten Heiligenscheinen mießer Engel gottversenkt bei einand' sitzen: dann gibt es Stil ... Es hatte der Zeit was gefehlt. Das war dies gläubige Spiel ... Solches festgestellt, wird man gern die Stil-Anmut von Bildern, sonderlich eines Balletts (will sagen: Reigens) in der Mitte des westberlinischen Gottesdienstes anerkennen.

Und am Schluß, als immer größere Kindlichkeit vor den arglosen Sperrsitzen und Huträdern von geschminkten Angestellten aufgemacht, schien gewissermaßen anheimgegeben, ob unser Städtchen an der Ammer belegen sei. Heil dem Bonaparte des Theaters ... Man lasse die Gefühle denen, zum Donnerwetter, die sie haben ... Der Irrtum, welcher im Publikum geweckt wird, scheint zu sagen: alles das ist literarisch! alles ist eine echte Kuriosität, — es ist jedoch eine nicht ganz echte, nur eine bearbeitete.

Für den Zuschauer kommt hier die Wirkung auf Umwegen. Damit man sich ergötze ... nicht an etwas kunstvoll Ausgedrücktem; sondern im Gegenteil, auch spaßig, an etwas, das die Leute nicht ausdrücken konnten ... Dem Tiefinnerlichen (das nicht unser Tiefinnerliches mehr ist) wird etwas geschichtlicher Ulk beigemengt — aber das Ganze will dennoch ernst genommen werden. Ich danke ... Hofmannsthal ist ein glänzend geschickter Hort für fremde Stile — neben dem eigenen.

Ein Antiquar; doch zugleich ein Löter von Mischwerten. Was er hier macht, ist weder alt noch neu ... Ich sehe hier ein doppeltes Surrogat. Ersatzdichtung; oder Dichtungsersatz; kein altes Spiel, sondern zwischendurch Hofmannsthal; (die angedichtete Mutter mit der Laterne). Und ein Surrogat in der Darstellung; die nicht Mysterienspiele zeigt, sondern die Darstellung der Reinhardtschen Etablissements für Fremde und Einheimische ... Das Beste lag ... nicht im Abschied eines Sterbenden. Sondern im Festmahl und Ballett." (Alfred Kerr, Bd. V, S. 198 — 201).

Andere gewichtige Stimmen kritisierten den Stil der Reinhardtschen Inszenierung, vor allem aber die Wahl des Schauplatzes für die Uraufführung. So schrieb Siegfried Jacobsohn:

„Reinhardt wird langsam ... instinktschwach. Früher wußte er, welchen Raum, welchen Darstellungsstil, welche Sorte Publikum ein Werk braucht. Früher hätte er sich bei diesem Spiel von Jedermann gesagt, daß es in eine Kirche oder auf die Germanistenkneipe gehört: vor ganz heiße oder ganz kalte Gemüter, vor Gläubige oder vor Durchschauer — auf keinen Fall aber vor jedermann. Jetzt bringt er es gleich vor fünftausend Jedermanns, in deren Gefühls- und Interessensphären er niemals eindringen wird ... Von der ersten Szene, wo Moissis Jedermann und Wintersteins Guter Gesell wie aus einem alten Holzschnitt hereinhüpfen, in die Hände klatschen, die Köpfe werfen, die Worte hacken, die Bewegungen abzirkeln und Interjektionen juchzen, bis zur vorletzten Szene, wo, wie auf einem alten Altargemälde, die blaue Mary Dietrich vor goldenem Grunde in himmlischer Schönheit des Angesichts, der Seele und der Kehle mit Biensfeldts überlebensstruppigem und — ruppigem Volksbuchteufel um Jedermann kämpft: von Anfang bis zu Ende böten die Schauspieler einem Regisseur, wie sie ihn nicht besser finden, ein Material, wie er es nicht besser findet. Hätte er sich nur auch das richtige Publikum gesucht und es in das richtige Haus gesetzt!" (Zitiert nach R. Goldschmidt, S. 78)

Else Lasker-Schüler geht noch einen Schritt weiter. Für sie ist die Jedermann-Aufführung im Zirkus schlicht eine Gotteslästerung, denn nach Ihrer Überzeugung hat der Autor religiöse Werte in den Dienst einer zirkusmäßigen Schau gestellt und sie damit verraten und preisgegeben, nur um einem verwöhnten Publikum einen fragwürdigen Kunstgenuß zu verschaffen:

„Ich war in Jedermann oder heißt es Allerlei? Ich glaube es heißt Allerlei für Jedermann oder Jedermann für Allerlei: Herein meine Herrschaften ins Riesenkasperle, ins Berliner Hännesken! Ein evangelisch Stück wird gespielt für die ‚getauften' Juden namentlich, sehr anschauend und erbaulich. Alle getauften Juden waren in der evangelischen Vorstellung — Schaustellung gewesen und waren erbaut namentlich von dem blonden Germaniaengel in Blau und Doppelkinn. Rechts ein Fleckchen, links ein Fleckchen Mensch oder Engel an der Kasperlewand, und wie das Gewissen zu heulen anfing: Jedermann hier, dort Jedermann. Wo kam das her — ich denke aus den Ställen, Herwarth. Nein, da wollen wir lieber auf die Kirmes gehen in Cöln am Rhein und ein Kölner Hänneskentheater aufsuchen, von dort sollte Direktor Reinhardt die Naivität herholen, nicht sich welche anfertigen lassen von dem Hofmannsthaler in Wiener Stil oder übertünchen lassen, ein britisch-evangelisches Mysterium, charakteristisches Gähnen mit noch entsetzlicheren, gelangweilten unechten Reimereien eines ‚Verbesserers'.. Wenn Jedermann wüßte, was Jedermann wäre usw. — eine Blasphemie, eine Verhöhnung einer alten Pietät, einer religiösen Verfassung. Das Leben und der Tod, die Sünde und die Strafe, Himmel und Hölle, alles wird zur Schaustellung herabgewürdigt, wie die Elephanten und Araberpferde mit Bändern und Kinkerlitzchen geschmückt, allerdings nicht einmal den Kindern zur Freude, dem reichen sensationslustigen Publikum zur Erbauung, pfui Teufel, daß der Sekt besser mundet." (Else Lasker-Schüler, S. 114 f.)

2. Salzburger Aufführungen 1920 — 1938

Der Versuch, „Jedermann" in einer Zirkusarena aufzuführen, ist nicht wiederholt worden. Neun Jahre nach der denkwürdigen Uraufführung entdeckten Hofmannsthal und Max Reinhardt den idealen Spiel-Raum für das Drama vom Sterben des reichen Mannes: den Domplatz in Salzburg. Wie sehr diese altehrwürdige Szenerie den Intentionen des Autors entsprach, zeigt Hofmannsthals Aufsatz „Festspiele in Salzburg". Dort heißt es:

„Salzburg war seit Mitte des siebzehnten Jahrhunderts ‚der unbestrittene geistige Führer alles freien Landes zwischen München, Wien und Innsbruck. Humanismus, Renaissance und Barock hatten hier einen geschichtlichen Gehalt wie in keiner Landschaft' (Nadler). Nirgends so wie dort fließen die Jahrhunderte ineinander, das Barock des Mittelalters — die nach Ausdruck und Darstellung ringende franziskanische Zeit — und das Barock des Jahrhunderts. Das bäuerliche, beharrende, naturnahe Element bindet beide. Der von Palästen und Säulenbogen umschlossene Domplatz ist italienisch, fast zeitlos. Herein blicken die Berge einer deutschen Landschaft, gekrönt von einer deutschen Burg. Die Franziskanerkirche ragt daneben auf, reines Mittelalter. Die Statuen vor dem Dom sind frühes Barock. Es war der Gedanke Max Reinhardts, auf diesem Platz, vor der Fassade des Doms, das Gerüst für das ‚Jedermann'-Spiel aufzubauen. Aber als das Spiel lebendig wurde, schien es sein Gedanke gewesen zu sein, der in diesem Platz, diesem Ganzen aus Natur und Baukunst, immer gelegen war. Die Fanfarenbläser und Spielansager hatten ihren selbstverständlichen Platz, zerstreut auf dem marmornen Portikus. Wie ein Selbstverständliches wirkten die marmornen fünf Meter hohen Heiligen, zwischen denen die Schauspieler hervortraten und wieder verschwanden, wie ein Selbstverständliches die Rufe ‚Jedermann' von den Türmen der nahen Kirche, von der Festung herab, vom Petersfriedhof herüber, wie ein Selbstverständliches das Dröhnen der großen Glocken zum Ende des Spieles, das Hineinschreiten der sechs Engel ins dämmernde Portal, die Franziskanermönche, die von ihrem Turm herunter zusahen, die Kleriker in den hundert Fenstern des Petersstiftes, wie ein Selbstverständliches das Sinnbildliche, das Tragische, das Lustige, die Musik. Selbstverständlich war das Ganze den Bauern, die hereinströmten, zuerst vom Rande der Stadt, dann von den nächsten Dörfern, dann von weiter und weiter her. Sie sagten: ‚Es wird wieder Theater gespielt. Das ist recht.' " (P III S. 447 ff.)

„Mit der Aufführung des Spieles vom Sterben des reichen Mannes ‚Jedermann', nach einem altenglischen Text von Hugo von Hofmannsthal erneuert, am 22. August 1920 auf dem Domplatz, begannen die Salzburger Festspiele. Der Anlaß für diese Aufführung war die Generalversammlung der Salzburger Festspielhaus-Gemeinde, bei der Architekt Hans Poelzig sein Projekt eines Festspielhauses erläuterte. Die Vorstellung war also Wohltätigkeitsveranstaltung zugunsten der Kriegsinvaliden gedacht. Die Schauspieler erhielten kein Honorar und wurden mit Salzburger Andenken, Werner Krauß mit einer Lederhose, beschenkt. Wenngleich Reinhardt und Hofmannsthal schon ein Jahr zuvor den Domplatz begangen und den Plan einer Aufführung vor der Fassade des Domes erörtert hatten, war der Spielort endgültig erst kurz vorher festgelegt worden. Die Ankündigung des ‚Jedermann' spricht noch im Juni von einer Inszenierung in der Sommerreitschule der Hofstallkaserne, und erst im Juli wird gemeldet, das Spiel werde bei günstigem Wetter ‚auf einem der schönen Stadtplätze Salzburgs' in Szene gehen. Mit einem Schreiben vom 21. Juli 1920 an Max Reinhardt gab Erzbischof Dr. Ignaz Rieder seine Zustimmung zu Aufführungen auf dem Domplatz." (Kaut S. 53)

Auch nach der Salzburger Aufführung wurden Zweifel an der dichterischen Substanz des publikumswirksamen Spiels laut. Der Theaterkritiker Hans Liebstoeckl rügte in seiner Rezension vom 23. August 1920 „die fromme Unwahrheit der Dichtung". Sein Bericht von der ersten Salzburger Aufführung ist in verschiedener Hinsicht von Interesse:

„Die besten Künstler (Moissi, Werner Krauß, die Bleibtreu, die Thimig) und sämtliche Salzburger Kirchenglocken wirkten mit. Vor der Domkirche, die sonst bloß direkten Gesprächen mit Gott dient, hörte man eindringlich, von Reinhardt gleichsam geschickt heraufbeschworen, die Widerparte Gottes: den Mammon und den Teufel, als beliebte Urheber irdischen aber vorübergehenden Glücks. Was Herr Reinhardt zu geben hatte: eine bunte, farbenprächtige Tafel, lebendige Figuren, witzige und drastische Einfälle, ward indes von jenem höheren Regisseur übertroffen, der diesen Domplatz von Salzburg zu einem der schönsten und erhabensten Orte der Alpenstädte gemacht hat. Jedermann weiß, daß Moissi, die Bleibtreu, die Thimig große Künstler waren, ehe sie dieses Spiel für sich gewann. Immerhin gab es ein kleines Theaterereignis nebenbei: einen Schauspieler, Herrn Krauß, den ich noch nicht kannte und der namentlich als Teufel die Monotonie des Abends aufs angenehmste durchbrach. Er belebte die fromme Unwahrheit der Dichtung, sprach unbewußt manch bitteres kritisches Wort, das ohne Mühe auf den unmittelbaren Anlaß übertragen werden konnte, und wuchs damit über das große Ereignis hinaus. Als der verlorene Sohn Moissi, vom Glauben, von allen Englein geleitet und von einem Kapuziner respektvoll erwartet, in den Schoß der ihm nicht sonderlich vertrauten Kirche zurückgekehrt war und die Orgel dieser Kirche vor Freude aufbrauste, brach die Dunkelheit herein und niemand bemerkte, daß auch das holde, abendliche Erröten der Veste Hohensalzburg inzwischen stimmungsvoller Gleichgültigkeit gewichen war". (Zitat nach Kaut S. 75)

Ohne kritischen Vorbehalt, mit begeisterter Zustimmung äußerte sich Robert Arthaber in der Zeitung „Salzburger Wacht" ebenfalls am 23. August 1920:

„Und doch war die Aufführung des Dramas auf dem Domplatz ein Ereignis, das auch in der Seele des innerlich Widerstrebenden tiefe und anhaltende Spuren hinterlassen wird. War doch jede, auch die kleinste Rolle mit den hervorragendsten Kräften der deutschen Bühne unserer Tage besetzt ... Mit den Leistungen aller der Künstler paarte sich die unübertroffene Regie des alten Großmeisters Max Reinhardt. Jede Einzelheit des Spieles war sorgfältigst durchdacht, jedes Kostüm von historischer Treue, die gespensterhaften Rufe „Jedermann", die in allen Ecken und Enden erschallten, das feierliche Läuten der Domglocken, die nach alten Salzburger Weisen von Dr. Bernhard Paumgartner komponierte Eingangs- und Schlußmusik — alles trug dazu bei, der Aufführung ‚Jedermann' in Salzburg den Charakter einer harmonischen, gleichsam aus einem Gusse entstandnen Schöpfung zu verleihen." (Zitiert nach Kaut S. 75)

Ein Dokument einer fast religiösen Ergriffenheit ist ein Bericht über die Salzburger Aufführung des „Jedermann" in der Münchener Zeitung vom 27. 8. 1920. Für Oscar Bie ist das Stück selbst viel mehr als bloße Literatur; Bies Sprache ist Ausdruck eines starken Erlebens, sie wirkt lyrisch-gefühlvoll, beinahe stammelnd vor innerer Erregung:

„Ich liebe das Stück, es ist rein und echt und gut. Ich spürte eine Erschütterung und Erhebung zugleich, ganz anderer Art als im Theater. Wie ein Kind der Erde. Wie ein neu Erwachsen. Es ging mir nahe. Ich habe ein wenig geweint. Und war sehr glücklich und dankbar. Irgendetwas war hier erreicht worden ohne Problematik, ohne Literatur, gradlinig, unmittelbar, genial. Es wird mich nie verlassen."

Demgegenüber hatte Joseph August Lux in der München-Augsburger Abendzeitung vom 24. 8. 1920 darauf hingewiesen, daß die Reinhardtsche Inszenierung nicht ganz einheitlich und in sich geschlossen gewirkt habe:

„Die Aufführung am Sonntag, den 22. August ... ist zweifellos ein künstlerisches Ereignis und eine Problemlösung im Hinblick auf den Schauplatz und dessen besondere Bedingungen. Immerhin ergaben sich bei der Natur des Halbimprovisierten einige Regiemängel ... Störend und abschwächend erwies sich vor allem das Zuviel an Kirchenmusik, die am Schluß von den Kirchenglocken ganz übertönt wurde. Orgel und ein A capella-Chor hätten hier allein ungleich größere sakrale Wirkung getan: die Größe wäre hier, ganz prinzipiell gesprochen, nicht in dem Massenaufwand, sondern in der Schlichtheit zu finden gewesen. Die neuen musikalischen Anhängsel, Trauermarsch und Schlußmusik, erwiesen sich als schwächlich, bar jeden religiösen oder sakralen Gefühls ... Überhaupt machten sich gegen Ende des Spiels Längen bemerkbar, ein Abflauen der Spannungshöhe ... die im Trauermarsch (!) aufziehenden Engel mit gleichstilisierten Pappendeckelflügeln rückten in bedenkliche Nähe des Theater-Kitsches, beschämt von der steinernen Ekstase der barocken Heiligenfiguren im Hintergrund an dem Dom. Einer solchen künstlerischen Konkurrenz ist freilich schwer standzuhalten. Der dumme geprellte Teufel, über den man sich wieder froh und gesund lacht und altem Herkommen nach, durchaus fastnachtartig zu denken, war leider ganz verzeichnet und unerfreulich in der Maske eines jüdelnden Börsianers. Das sind Nebendinge, die besserungsfähig sind und der großen Linie der Inszenierung nicht allzu sehr Eintrag tun."

Auch ein moderner Hofmannsthalforscher, Günther Erken, hat sich kritisch mit der Reinhardtschen Inszenierung auseinandergesetz. Er schreibt:

„Die Reinhardtsche Inszenierung, die Hofmannsthals Bericht und Beschreibung ‚Das alte Spiel von Jedermann' festhält, setzt das Glockenläuten und die Erscheinung des Todes als freilich nicht unergiebige Effekte schon jeweils früher ein, nutzt sie damit aber auch ab und unterbricht vor allem ... die ... wohlabgewogene Klimax. Schon zu Beginn des Spiels erklangen in der Berliner Uraufführung die Glocken ‚kräftig und anhaltend' (PIII 119), dann wieder in der Szene mit der Mutter bei dem Wort ‚Tod' (125); vor allem aber ist es jene auch in der Salzburger Inszenierung beibehaltene, dem Macbeth (III/4) nachempfundene Szene, in der plötzlich der geisterhafte Tod Jedermanns leeren Platz an der Tafel einnimmt (128), die sicher von großer optischer Wirkung ist, aber die Ökonomie der symbolischen Entwicklung empfindlich stört und den allegorischen Höhepunkt durch Verdoppelung schwächt. — Andere Einfälle der Salzburger Inszenierung sind dagegen wesentlich glücklicher. So wird z. B. das etwas geschmäcklerisch gewählte Lied *Floret silva undique* ersetzt durch das weniger historisierende und sinnfälligere O *wie wohl ist mir am Abend,* in das dann die Glocken zur letzten Ruh hineinläuten. Auch die himmlischen Stimmen werden durch irdische ironisch vorbereitet (man improvisiert einen Kanon auf den endbetonten Vers ‚Sei nicht so traurig — Jedermann!') und nachträglich scheinbar ‚motiviert' durch den Guten Gesell, der mit lautem Rufen nach seinem Jedermann herbeieilt." (Erken S. 212)

„Der Aufwand für das Spiel war gering. Nur eine einfache Bretterbühne wurde vor dem Dom errichtet. Die Kostüme stammten aus dem Fundus des Wiener Burgtheaters, wo „Jedermann" 1913 in der szenischen Gestaltung Alfred Rollers aufgeführt worden war. Der ‚Jedermann' wurde in Salzburg 1920 und 1921 gezeigt, es trat eine Pause bis 1926 ein, doch wurde das Spiel dann jährlich wiederholt bis 1937. Schon unter Reinhardt war die Besetzung der verschiedenen Rollen mehrmals geändert worden. 1932 übernahm Paul Hartmann die Titelrolle und ab 1935 Attila Hörbiger, den Reinhardt selbst für den besten Jedermann hielt. Im Winter 1937 plante Reinhardt mit dem ‚Jedermann' ein Gastspiel in Paris, das aber aus technischen Gründen nicht zustandekam. Max Reinhardt hat in einem Brief, der dieses Gastspiel vorbereitete, festgestellt, daß die Inszenierung ‚in beinahe zwei Jahrzehnten auf eine vorwiegend fremdsprachige Zuschauerschaft eine Zugkraft und Wirkung ausübt, wie sie in der Geschichte des Theaters kaum wieder zu finden ist'. Er bemerkte, daß sich die Präzision der Gesamtszenen verwischt hat und daß ‚das Musikalische und Tänzerische der Vorstellung in bezug auf Erfindung, Stil und Ausführung der minderwertigste Teil des ganzen ist'. Reinhardt plante für das Pariser Gastspiel ... eine gründliche Probenarbeit. Er kam nicht mehr dazu. Der ‚Jedermann' wurde 1938 nach der Okkupation Österreichs aus dem Programm entfernt." (Kaut S. 54 f.)

Wie entscheidend der Charakter des Salzburger Domplatzes und die Atmosphäre der ehrwürdigen Stadt für die Wirkung des Spiels waren und auch heute noch sind, wird von den Kritikern immer wieder registriert. Herbert Ihering betont den einmaligen Zusammenklang von gewachsener Kultur, Geschichte und künstlerischem Bemühen in Salzburg:

„Die Salzburger Festspiele sind zweierlei. Auf der einen Seite spielt die Stadt mit ihren Bauwerken ... selbst die Festspiele. Auf der anderen ist sie ein Sammelplatz internationaler Gastspiele ... Altes Österreich, alte Kultur und ihr Jahrmarkt. Nun ist das Seltsame, daß die größte ‚internationale' Attraktion anscheinend das Nationale ist, das Einmalige, also Salzburg, also immer noch das ‚Jedermann'-Spiel auf dem Domplatz, durch das Salzburg hindurchschlägt. Die Aufführung (mit Moissi) ist längst ausgespielt, routiniert und zufällig geworden. Nur Luis Rainer als Tod und Teufel, nur Helene Thimig als Glauben und Eduard von Winterstein ... vertreten die Würde der Schauspielkunst. Dennoch: die Wirkung ist da. Man kann sie bekämpfen, aber leugnen läßt sie sich nicht. Die Wahl des verführerischen Schauplatzes ist genial ... Der ‚Jedermann' wirkt international in Salzburg ..." („Salzburger Internationale" 13. 8. 1931).

Es ist einleuchtend, daß das gleiche Spiel bei schlechtem Wetter in der Aula academica und später im Festspielhaus nicht den gleichen starken Eindruck machte. Auch Aufführungen an anderen Orten fanden niemals die Resonanz der Salzburger Inszenierungen. Interessant ist eine Kritik einer Jedermann-Aufführung in Augsburg; sie stammt vom jungen Bertolt Brecht, der in der Zeit vom 21. Oktober 1919 bis zum 12. Januar 1921 regelmäßig für den „Volkswillen", die Zeitung der Unabhängigen Sozialdemokratischen Partei für Schwaben und Neuburg, schrieb:

„Die „Jedermann"-Regie lehnt sich bis auf die bengalische Verkitschung des Schlusses eng an die des Münchener Nationaltheaters an. Die unbeschreiblich schmierenhafte Geschmacklosigkeit der Mutterszene verleidet einem das Lob für gelungene Dinge am Beginn. Aichers Jedermann ist eine gute Leistung, freilich wieder keineswegs gleichwertig. Sein Organ, langweilig, spröd, viel zu routiniert, oft zu einem krampfhaften Deklamatorium mißbraucht — wird stark und ergreift, wo es aus der Körperlichkeit wächst, wo es breit und mächtig werden kann. Das Beste ist das Mimische, die bleiche, aufgeschwemmte Völkerphysiognomie an der Tafel und so weiter. Das jugendliche Heldentum ist nichts für Aicher. Die Mutter der Prandau: eine gute, gotische Figur, nicht völlig menschlich. Glänzend der Mammon Hoffmanns, fett, süffisant, mächtig ... " (6. Nov. 1920).

Auch eine Aufführung im New Yorker Century Theater, die Reinhardt selbst leitete (1927), fand nur geteilten Beifall. Inszenierungen in unseren Tagen, etwa in der Ruine der Stiftskirche in Hersfeld, vor dem Dom zu Basel, wo Helene Thimig eine Aufführung betreute oder auf der Freitreppe von St. Michael in Schwäbisch Hall haben trotz mancher geglückter Regieeinfälle keine nachhaltige Wirkung ausgeübt.

3. Salzburger Aufführungen 1946 — 1971

Im Jahre 1946 wurde die alte Salzburger Tradition wieder aufgenommen. In der Regie von Heinz Hilpert spielt Ewald Balser den Jedermann, Helene Thimig Glaube, Alma Seidler Gute Werke, Alexander Trojan den Guten Gesellen und Otto Schmöle die Gestalt des Mammon. Seither tauchen immer wieder berühmte Namen in den Salzburger Inszenierungen auf: Ernst Deutsch, Attila Hörbiger, Josef Meinrad, Werner Krauß, Judith Holzmeister, Will Quadflieg, Elisabeth Flickenschildt, Ernst Ginsberg, Walther Reyer, Leonard Steckel.

„Der ‚Jedermann' ist volkstümlich geworden ... Wie beliebt das Spiel unter der heimischen Bevölkerung geworden ist, zeigt, daß es von den Laienbühnen übernommen wurde. Der Schriftsteller Franz Löser übertrug den ‚Jedermann' in die heimische Mundart, und in dieser Fassung wird er in sommerlichen Erholungsorten aufgeführt ..." (Kaut S. 55)

„Die Wiederbelebung des Schauspiels mag vielleicht ... zu sehr auf der Linie der Reinhardtschen Nachfolge unternommen worden sein. Es war naheliegend, den ‚Jedermann', dessen Inszenierung auf dem Domplatz beibehalten wurde, von Regisseuren betreuen zu lassen, die der Reinhardtschen Tradition verbunden waren, von Heinz Hilpert zuerst ..., dann von der Witwe Reinhardts, Helene Thimig (1947 — 1952), von Ernst Lothar, der das Theater in der Josefstadt 1935 im Auftrag Reinhardts übernommen hatte ..., er hat den ‚Jedermann' ‚regiemäßig und dramaturgisch neu eingerichtet' (1953 — 1959)." (Kaut S. 65)

Ernst Lothar hat in seiner Salzburger Inszenierung nur behutsame Veränderungen am Text vorgenommen. Neu hinzugekommen ist das Eingangslied, das vor dem Auftritt des Spielansagers a capella gesungen wurde:

Kommt ihr Leut
Von weit und breit
Jedermann wird aufgführt heut
Jedermann wird aufgführt heut
Kommt heran
Kommt heran
Jedermann tritt an
Jedermann tritt an.

Die Eingangsszenen, der Dialog zwischen Gott dem Herrn und dem Tod, Jedermanns Gespräche mit seinem Hausgesinde, und auch das Gespräch zwischen dem reichen Mann und dem Armen Nachbarn sind kaum gekürzt; stark beschnitten ist dagegen die Rolle des Schuldknechts. Die Schuldknechtszene bringt manche Parallele zur Armen-Nachbar-Szene, auch die Gedanken, die Jedermann über die Bedeutung des Geldes äußert, berühren sich. Hier sind manche sinnverwandten Stellen gestrichen. Die Folge ist, daß auf das Zusammentreffen Jedermanns mit dem Armen Nachbarn das Hauptgewicht gelegt wird. Auch die ausführlichen Überlegungen, die Jedermann nach der Auseinandersetzung mit dem Schuldknecht über dessen finanzielle Mißwirtschaft anstellt, sind bei dieser Texteinrichtung weggefallen.

Lothar hat sich bemüht, auf Wiederholungen und Verdoppelungen zu verzichten. So erklärt z. B. Jedermann nur einmal dem Gesellen, daß er vor Gottes Richterstuhl geladen worden sei, in den folgenden Szenen, in den Unterredungen mit den Vettern und mit Mammon begnügt sich die Salzburger Aufführung im Gegensatz zum Originaltext mit knappen Andeutungen. Wenig verändert hat der Regisseur auch die Kernszene des Spiels, das Festmahl. Auffällig ist, daß die Unterhaltung der Gäste über das Lied, das die Gesellschaft singen will, ganz weggefallen ist. An die Stelle des lateinischen Liedes „Floret silva undique" ist ein anderes Lied getreten:

Sei nicht so traurig Jedermann
Sei nicht so traurig Jedermann
Und trink mit uns den Wein
Ich bin nicht traurig Jedermann
Ich bin nicht traurig Jedermann ...

Unmittelbar darauf erschallen die den Tod ankündigenden Jedermann-Rufe.

Es sind neben erweiternden oder variierenden Passagen vor allem sprachlich blasse oder manieriert wirkende Textstellen, die gestrichen wurden. So fehlt z. B. der zweite und dritte Versabschnitt des Liedes „Ein Freund hat uns beschieden" („Nun gehts an ein Drücken / Recht nah und gedrang / Wir wollen uns verstricken" usw.) ebenso wie der Hinweis auf den Garten, der ein „ungequälter" Ort sei; auch die betont drastischen Stellen in der Mammonszene sind gestrichen.

(„Und alle Viere von sich reckt / Und hält ihn noch emporgestreckt ...").

Die Betroffenheit Jedermanns und die Gewalt des Todes werden dadurch unterstrichen, daß der Dialog zwischen beiden gestrafft wurde. Andererseits ging es dem Regisseur darum, einen gewissen Gefühlsüberschwang in der Bekehrungsszene (Jedermann, Glaube, Werke) zu dämpfen und den Predigtstil nicht allzusehr zu akzentuieren (Wegfall der Bibelzitate, Konzentrierung der Glaubensverkündigung). Dieser Absicht entspricht es auch, daß Jedermann im Grab nicht mehr spricht. Werke und Glaube beschließen das geistliche Spiel, Engel singen ein mächtiges Halleluja. (Vgl. Schallplattenaufnahme 43032 DGG.)

„1960 entschloß sich das Direktorium der Festspiele zu einem weiteren Versuch einer Erneuerung der Reinhardtschen Inszenierung, den William Dieterle unternahm, einst der ‚Gute Gesell' der Salzburger Erstaufführung. Aber

die Erneuerung blieb auf halbem Wege stehen und fand nur wenig Zustimmung." (Kaut S. 65)
Stellvertretend für viele kritische Stimmen sei die Münchener „Abendzeitung" vom 2. August 1960 zitiert. Unter dem Titel „Jedermann bleibt unvollkommen" schrieb George Salmony:

„Noch niemals war Understatement so fehl am Platze. Die anderen Änderungen sind weniger einschneidend, doch zumeist auch nicht glücklich ... William Dieterle stand gewiß vor einer schweren Aufgabe. Aufgefrischt sollte werden, und natürlich auch so, daß man die Therapie gegen Verkalkung und Versteinerung gewahr wurde. Zuviel aber durfte wiederum nicht umgemodelt werden, da der Tourist die weltberühmte Sehenswürdigkeit ja in ihrer authentischen Form ... sehen will. Was nun aber herauskam, ist nichts Ganzes und nichts Halbes."

1961 wurde Gottfried Reinhardt, ein Sohn Max Reinhardts, mit einer Neuinszenierung beauftragt. Dazu schrieb Ernst Krenek eine neue Musik. Bühnenbildner war Tony Duquette aus Hollywood. Die Kritik war zwiespältig. So schrieb Manfred Vogel im „Münchner Merkur" vom 1. August 1961:

„... Gottfried Reinhardt hat bewiesen, daß es Sache des Regisseurs ist, dem Theater zu geben, was des Theaters ist, und Hofmannsthals kunstgewerblichem Festspielskelett aus der Gegenwart Leben einzuhauchen. Das tat er mit furiosem Ergebnis ..."

Ganz entgegengesetzter Meinung war Hanns Braun von der „Süddeutschen Zeitung" (1. August 1961):

„.. wir können von Gottfried Reinhardts Erneuerung nicht gut sagen, sie sei — wie eine Salzburger kritische Stimme sie nannte — eine ‚tolle Masken-Remasuri' gewesen. Aber wenn wir schlicht die Frage nach der Nutzanwendung wiederholen — nein, auch wir glauben nicht, daß von dieser Jedermanniade jemand zuinnerst gepackt und bewegt worden ist oder höchstens: malgré elle."

„Gottfried Reinhardt selbst schrieb, er wolle mit seiner Inszenierung ‚so weit wie möglich weg vom Musealen, Altmodischen, allem Modischen, Maskierenden, Ornamentalen, taktvoll Vorsichtigen'. Zerwürfnisse mit Gottfried Reinhardt führten dazu, daß von 1963 an Helene Thimig wieder sozusagen die Salzburger Urfassung herstellte." (Kaut S. 66)

Im Sommer 1969 versuchte Leopold Lindtberg eine interessante Neugestaltung des alten Spiels, die vor einschneidenden Veränderungen nicht zurückschreckte.

Ähnlich wie Ernst Lothar hat Leopold Lindtberg in seiner Inszenierung einen Hauptakzent auf die Begegnung zwischen Jedermann und dem Armen Nachbarn gelegt. Demgegenüber ist die Schuldknechtszene zwar in ihrem Gehalt unverändert geblieben, aber doch auf die wesentlichen Elemente konzentriert worden. Auch in der Lindtbergschen Texteinrichtung sind die Überlegungen Jedermanns über den Wert des Geldes stark gekürzt, und der ausführliche Hinweis auf den Fehler des Schuldknechts entfällt. Lindtberg betont die Aktion und drängt die Reflexion zurück. Bei seinem ersten Auftreten rühmt sich Jedermann nicht seines schönen Besitzes, sondern er wird gleich als Handelnder vorgestellt, der bestrebt ist, seinen Besitz zu vermehren. Auch das Auftreten von Buhlschaft und Spielleuten wirkt unmittelbarer, sie erscheinen ohne lange Ankündigung. Jedermann ist wortkarger geworden, das fällt vor allem in der Festszene auf. Der reiche Mann wird von dunklen Todesahnungen bedrängt und versucht, sie mit einem Becher Wein zu vertreiben. Der Preis von Liebe und Freundschaft gelingt ihm in diesem Augenblick nicht mehr, nur zu einer verhältnismäßig knappen Begrüßung der Gäste kann er sich noch aufraffen. Die dramatische Sprache ist durch Isolierung und Hervorhebung sinntragender Textstellen härter, „kantiger" geworden. Auf die Bitte Jedermanns um Aufschub antwortet der Tod in der ursprünglichen Fassung:

Nichts da, war alls dir nur geliehen.
Bist du dahin, erbts einen andern,
Und über eine Weil schlägt dem seine Stund,
Und er muß alles lassen und wandern.
Ich komm halt schnell.

Lindtberg läßt den Tod nur sagen: „Nichts da." Der Abschied Jedermanns von seinem Gesell wirkt verhaltener und gleichzeitig intensiver dadurch, daß Jedermann nur noch die ersten vier Wörter hervorbringt: „Leb wohl, mein Freund", die folgenden siebzehn Wörter sind gestrichen. Auch die Worte, die die Gestalt der Werke spricht, verlieren ihren gefühlvollen Unterton. Jedermann erfreut sich nicht so sehr an deren Schönheit; in bedrängender Weise muß er seine bisherige Verblendung erkennen. Das Lyrisch-Traumhafte ist zurückgedrängt, Werke spricht als fordernde, objektive Instanz.

Geschickte Textergänzungen und -umstellungen machen den Text griffiger und prägnanter. Das wird vor allem in der Festszene deutlich. Das Eingangslied ist aufgeteilt, Jedermann und seine Gäste singen einen Wechselgesang; die Szene verliert ihren zeremoniellen Charakter. Das etwas preziös wirkende Lied „Floret silva undique" fehlt ebenso wie die ausführliche Unterhaltung der Gäste über den geheimnisvollen Stein Calcedon. Offensichtlich wollte Lindtberg alles vermeiden, was kunstgewerblich wirken könnte, auch neuromantisch-jugendstilmäßige Elemente paßten nicht in sein Konzept. Von dieser Voraussetzung aus muß es konsequent erscheinen, daß auch die begeisterte Schilderung des Gartens, den Jedermann kaufen möchte, ganz weggefallen ist, denn diese Schilderung zeigt in unverwechselbarer Weise neuromantisch-impressionistische Züge. Das Spiel vom Sterben des reichen

Mannes sollte möglichst stilechtes Mittealter sein, Stilmischungen sollten vermieden werden. Lindtberg will die großen Linien und starken Umrisse des Geschehens nachzeichnen und damit ein zeitgenössisches Publikum ansprechen.

Während all diese Veränderungen dem Ziel einer angemessenen Modernisierung des alten Spiels dienen, berühren andere Textänderungen den ursprünglichen Kern des Stücks. Eine einschneidende Abweichung zeigt sich schon zu Beginn: der Tod spricht nicht mehr von den Himmelspforten, die nur durch gute Werke erreichbar seien. Im Gespräch zwischen Jedermann und Werke ist der Hinweis auf Gott als den König der Ewigkeit gestrichen, Glaube weist nicht mehr auf das ewige Leben hin, Jedermann bittet Gott nicht mehr:

> Daß er meine Seel dann hinaufführt
> Und Heiland, mach durch deine Fürbitt,
> Daß ich zu seiner Rechten hintritt ...

Jedermanns Wandlung ist keine Hinwendung zum Jenseits, nicht auf die Ewigkeit richten sich seine Gedanken, sondern in der Stunde des Todes hat er erkannt, warum er falsch, d. h. egoistisch und verantwortungslos gelebt hat. Die soziale Tat, das ethische nicht das religiöse Moment steht im Vordergrund. Folglich hat die Gestalt der Werke die entscheidende Stimme. Nach der Wandlung Jedermanns ergreift sie zuerst das Wort, nicht wie bei Hofmannsthals „Glaube"; nicht Jedermanns Worte vernimmt der Zuschauer am Ende in der Grabszene, auch hier ist es wieder Werke, die das Schlußwort spricht. Die Akzentverlagerung von der Transzendenz zur Immanenz, von „Glaube" auf „Werke" zeigt sich noch einmal in den abschließenden Versen. Der Spielansager spricht die Worte, die im Originaltext „Glaube" zugeteilt waren. Mit dem Hinweis auf die Bedeutung der Werke endet das Spiel:

> Nun hat er vollendet das Menschenlos,
> Tritt vor den Richter, nackt und bloß,
> Und seine Werke allein,
> Die werden ihm Beistand und Fürsprech sein.

Von den Engeln, die die arme Seele in ihre „himmlischen Reihn aufnehmen, ist nicht mehr dieRede.

Über Lindtbergs Inszenierungen erschien am 29. 7. 1969 in der „Frankfurter Allgemeinen Zeitung" eine mit dem Kritik-Preis 1970 des Salzburger Fonds für Kunst, Wissenschaft und Literatur ausgezeichnete Kritik von Hilde Spiel unter dem Titel „ ‚Jedermann' in Brecht-Nähe". Dort heißt es:

„Der Jedermann, das Spiel vom Sterben des reichen Mannes, ist ein Lehrstück für satte Zeiten. Als Max Reinhardt die Hofmannsthalsche Erneuerung zum ersten Mal in Szene setzte, 1911, war die Hybris der Welt auf einem Höhepunkt. Von einer weitreichenden Wirkung ist nichts bekanntgeworden. Erst neun Jahre später, nach einem furchtbaren Krieg, drang die Botschaft ins Herz ... Im Kunstgeschmack jener Nachkriegsepoche, mit Pathos und hoher Rhetorik, die historisierenden Gewänder deutlich vom Stil der Wiener Werkstätte beeinflußt, voll genialer Regieeinfälle, die Glockengeläut, Turmrufe, ferne Fanfaren mit einbezogen — so lief die Aufführung am 22. August 1920 ab.

Bis zum heutigen Tag hatte man an ihr ... nichts Entscheidendes zu ändern gewagt ... Kein Wunder, daß man diesen Jedermann nachgerade als museal, antiquiert, überholt empfand, daß Helmut Qualtinger in einem Kabarettlied empfahl, den Domplatz endlich zusperren zu lassen ... Wenn auch die zuweilen gekünstelte Volkssprache, der merklich imitatorische Ton in Hofmannsthals Knittelversen weniger leicht auszumerzen ist als die veraltete Optik der Inszenierung, war doch das Unternehmen, den Salzburger Jedermann energisch in unsere Gegenwart hinüberzuretten, aller Mühe wert.

Daß an dieser geistlichen Stätte ein Konzept, wie Reinhardt selbst es 1927 in Amerika entworfen hatte — Figuren in moderner Kleidung, ein „Mammon" mit Scheckbuch, eine „Buhlschaft" mit mondänem Sex-Appeal —, nicht zu verwirklichen war, verstand sich von selbst. Weit eher empfahl es sich, auf die alten Vorbilder Hofmannsthals zurückzugehen, den holländischen Elckerlijk und den englischen Everyman, das kunstgewerbliche Mittelalter durch ein möglichst stilechtes zu ersetzen.

Leopold Lindtberg ... wählte diesen Weg. Er ließ sich von Rudolf Heinrich reichgefältelte Spätrenaissance-Gewänder in Grau- und Rotschattierungen entwerfen, die im Einklang standen zu den vier Statuen vor dem Dom. Die goldenen Weihnachtsengel, die Salzburger Statistenknäbchen, wurden endlich abgeschafft. Mit dem psalmodierenden Pathos ... gedachte er vollends aufzuräumen. Und er holte sich, um der bisherigen Erscheinungsform eines schönen, strahlenden ausschweifenden Lebensgenießers einen wahren Jedermann, einen homme moyen sensuel, entgegenzusetzen, Ernst Schröder aus Berlin für den Titelpart. Dieser kluge Schauspieler ... war der geeignete Mann, um in einem vornehmlich österreichischen Ensemble den neuen Ton anzugeben: hart, klar, knapp und kühl, ein Alltagsidiom, das sich auch angesichts der Todesdrohung nicht emotionell anreicherte, nur noch sachlicher wurde. So fielen von Hofmannsthals Text die Manierismen ab. Lindtberg hatte nicht vor, das Reinhardtsche Modell gänzlich aufzugeben. Die Struktur des Spiels, seine Verbindung mit dem Schauplatz, die Einbeziehung der Jedermann-Rufe von Türmen, Estraden, der Festung, behielt er bei. Dennoch wich er in einigen Punkten entschieden von dem Hergebrachten ab, nicht immer zum besten Behufe. Gott der Herr tritt zu Anfang auf, statt nur seine Stimme erklingen zu lassen. Das ergibt ein eindrucksvolles Bild: Die Menschen erstarren vor seinem Anblick in abweisender Haltung, verschließen ihre Ohren dem mahnenden Wort. Doch die Materialisierung des Transzendenten, Lindtbergs Grundkonzept, wirkt hier naiv-märchenhaft, verhindert den heiligen Schauer vor dem Ungeschauten.

Ebenso ist fraglich, ob die Auflösung der traditionellen Tischgesellschaft, auf der Jedermann seine erste Todeswarnung erhält, in ein lockeres Gelage dem Vorgang nicht weitgehend seine Symbolkraft nimmt. Statt des Gastmahls an der langen Tafel nach biblischem Vorbild wird auf der Dom-Bühne ein Barbecue abgehalten. Die feierlich-hierarchische Szene wird aufgeteilt und verliert dadurch ihre zentrale Bedeutung. Indessen sind andere Veränderungen nur zum Vorteil, etwa die Umwandlung des Spielansagers in eine religiöse Figur oder die des geschwänzten Bilderbuchteufels in einen Schreiber im schwarzen Bratenrock mit Klumpfuß, pochend auf sein verbrieftes Recht auf den Sünder, der nicht bereut. Nicht alle Schauspieler erfüllen Lindtbergs Forderung nach einer entpathetisierten Sprache. Gottvater (Balser), der Schuldknecht und seine Frau (Stavjanik, Servaes), der Gute Gesell (Heintel), der Teufel (Reincke) holen rhetorische Wirkungen aus ihrem Text heraus, die den gedämpften, gefilterten Grundton sprengen. Doch ist es in der Weite des Domplatzes schwer, dauernd zu unterspielen; nur wenigen ist jene schärfste Artikulation gegeben, die allein Lautstärke ersetzt. Peter Arens (Tod), Gisela Mattishent (Glaube) und Edith Schulze-Westrum (Mutter), Heinz Petters (Dünner Vetter) werden der Absicht dieser Aufführung vollauf gerecht. Doch mag man dem saftigen Heinrich Schweiger (Mammon), der innig-volkstümlichen Käthe Gold (Gute Werke), der schönen Christiane Hörbiger (Buhlschaft) die vordringlichere Präsenz ihrer Bühnenpersönlichkeit nicht mißgönnen. Ernst Schröders Jedermann hat diese Präsenz, ohne sie im geringsten zu unterstreichen. Bis zu seinem physischen Tod, markiert durch ein zu naturalistisches Wälzen auf dem Boden, wirkt er durchaus überzeugend, ein lebensfroher, etwas apoplektischer Durchschnittsmensch, der Wirklichkeit zugetan. Die Wandlung zum Glauben, die Hinwendung zum Jenseits, finden in seiner und Lindtbergs Lesung nicht statt. Jedermanns Vaterunser ist der Beginn einer Innensicht, doch hier bleibt sie irdisch-immanent, ist nicht religiös, sondern ethisch. Die Reue gilt dem unsozialen Verhalten, nicht der Verstocktheit gegenüber Gott.

Man darf Schröder nicht als Mangel ankreiden, was dem Gesamtkonzept der Regie zugrunde liegt. Ein Gleichnis vom gerechten Leben, nicht vom geläuterten Sterben, das ist Lindtbergs neuer Jedermann. Er rückt gelegentlich sogar in Brecht-Nähe, gefördert von Paul Angerers ausdrucksstarker Begleitmusik. Wie immer man jedoch über diese Umdeutung denken mag: Sie hat einem alljährlich ablaufenden, mit abgebrauchten Symbolismen verhangenen Theaterereignis, das nicht leben und nicht sterben konnte, einen frischen, unserer Zeit gemäßeren Geist eingehaucht." (Abgedruckt bei M. Kaindl-Hönig S. 512 — 514)

Gerade diesen frischen, zeitgemäßen Geist konnte der Kritiker der „Zeit", Hellmuth Karasek, auch in der Lindtberg-Inszenierung keineswegs entdecken. Ganz im Gegenteil: für ihn ist der „Jedermann" Kunstgewerbe geblieben, eine lukrative Touristenattraktion, eine Mumie, die jedes Jahr aufs neue zur Schau gestellt wird, weil sich Rührung immer noch gut verkauft. Sein Bericht trägt die Überschrift „Immer noch Jedermann":

„Über Hofmannsthals „Jedermann" kann man sich schwerlich kritische Gedanken machen. Auch in der von Leopold Lindtberg kräftig durchforsteten Adaption denkt man, während man die gerührten Zuschauer sieht, daß sicherlich am Ende der Vorstellung mancher Bankier aus Boston zum Telefon eilen wird, um anzuordnen, daß seine Aktien auf der Straße verteilt würden. Aber dann denkt man weiter, während man dem Kunstgewerbe lauscht, daß dem Bankier vielleicht rechtzeitig einfallen könnte, wie es bei seinem Jedermann-Vorgänger ja auch für die Seligkeit reichte, in den letzten fünf Minuten vor dem Sterben Reue zu zeigen. Und so kann er den Anruf nach Boston unterlassen.

Ernst Schröder spielt den armen reichen Mann, der da so kunst- und wirkungsvoll von allen Seiten des Domplatzes mit seinem Namen beschallt wird: manchmal hatte er Momente naiver Possierlichkeit, die der holzgeschnittenen Kindlichkeit ganz schön zugute kamen. Wie immer war der Teufel (Heinz Reincke) der Liebling des Publikums. Und daß Gott (Ewald Balser) jetzt zu sehen ist, legt einen Gedanken nahe, der auch sehr österreichisch sein dürfte: Gottvater war ein Wiener, und er hat natürlich eine Stimmschulung am Burgtheater hinter sich.

Selbstverständlich kann Salzburg auf den „Jedermann" (jeden Sonntag ausverkauft) ebensowenig verzichten wie Mercedes auf seinen Stern. Denn beide sind in Wahrheit Trademarks. Und wenn man immer wieder hört, dieses Spiel läge sicherlich in den letzten Zügen, dann muß man sie nur daran erinnern, was Karl Kraus schon in den zwanziger Jahren diagnostizierte (die zum Himmel klingenden Ladenkassen, das tägliche Barock), um zu wissen, wie ewig zur Rührung und Andacht verführende Kadaver sind.

Wenn der arme Mann, den Jedermann in den Schuldturm werfen läßt, meint, nun stünde seiner Seligkeit nichts mehr im Wege, dann wird die verquere Lebens- und Reichtumsfeindlichkeit des Stücks sichtbar." („Die Zeit" Nr. 33 vom 13. 8. 1971)

Man kann die kritischen Einwände, die seit der Uraufführung des Spiels im Jahre 1911 immer wieder erhoben wurden, wohl kaum insgesamt als unbegründet ablehnen. Das Spiel vom Sterben des reichen Mannes hat sicherlich seine problematischen Aspekte, selbst die Versuche zur Neubearbeitung konnten daran nichts Entscheidendes ändern. Dennoch muß es wohl seinen Grund haben, so äußert sich Rudolf Goldschmit, daß von Hofmannsthals Stück eine Wirkung ausgeht, die die Menschen seit vielen Jahren bis zum heutigen Tag immer wieder aufs neue in ihren Bann schlägt:

„In der Tat wirkt die Schlichtheit der gereimten Knittelverse etwas künstlich, die Frömmigkeit des Spiels mehr geschmackvoll anempfunden als ursprünglich, die Allegorik nur noch historisch. Hofmannsthal jedoch war überzeugt, daß die Rückwendung zu allegorischen Figuren des späten Mittelalters ... nicht müßig historisierende Spielerei, sondern durchaus aktuell sei ... Er vertraute auf die unverwelkte Kraft alter christlicher Allegorien ...

Nun hat freilich sich das moderne Drama, selbst wo es auf anderen Wegen wieder zum Allegorischen kam, nicht gerade auf die Hofmannsthalsche Weise vom psychologischen Realismus des ausgehenden 19. Jahrhunderts befreit. Der Jedermann konnte nie als ‚avantgardistisch' gelten, eher erschien er als kulturhistorische Kuriosität. Gleichwohl sollte es zu denken geben, daß er sich vor der Fassade des Salzburger Doms, wo ihn Reinhardt 1920 zum erstenmal spielen ließ und wo er — mit einer politisch bedingten Unterbrechung zwischen 1938 und 1945 — bis heute Jahr für Jahr aufgeführt wird, eine gewisse „moderne Unsterblichkeit" (Joachim Kaiser) bewahrt hat. Man hat ihn nicht ohne Argumente als lukrative Salzburger Fremdenverkehrsattraktion diskreditiert; aber wenn am späten Nachmittag von den Türmen der Stadt todverkündend die ‚Jedermann'-Rufe erschallen, dann übt das Spiel vom Sterben des reichen Mannes immer noch einen wunderlichen Zauber aus, auf naive Zuschauer wie auf abgebrühte Kritiker. Der Jedermann ist ein Sonderfall in Hofmannsthals Werk: sicher nicht die bedeutendste Bühnendichtung, aber vielleicht nicht ohne Grund eine seiner populärsten." (Rudolf Goldschmit S. 58 f.)

VI. Literaturverzeichnis

1. Werkausgaben

Gesammelte Werke in Einzelausgaben 15 Bde, hrsg. von *Herbert Steiner.* Frankfurt/M.: S. Fischer 1945 — 59:

Die Erzählungen. 1945.

Gedichte und lyrische Dramen. 1946.

Lustspiele I. 1947. [2] 1959.

Lustspiele II. 1948.

Lustspiele III. 1956.

Lustspiele IV. 1956.

Prosa I. 1950.

Prosa II. 1951.

Prosa III. 1952 (zit. PIII).

Prosa IV. 1955.

Dramen I. 1953.

Dramen II. 1954.

Dramen III. 1957 (zit. DIII).

Dramen IV. 1958.

Aufzeichnungen. 1959.

Jedermann. Das Spiel vom Sterben des reichen Mannes. Erneuert. Berlin 1911 — Neudruck: Mit einem Nachwort von *Leopold Malcher.* Frankfurt/M. 1952 = S. Fischer Schulausgaben moderner Autoren.

Briefe 1890 — 1901. Berlin 1935 (zit. BI).

Briefe 1900 — 1909. Wien 1937 (zit. BII).

Hugo von Hofmannsthal — Eberhard von Bodenhausen. Briefe der Freundschaft, hrsg. von Dora von Bodenhausen. Düsseldorf 1953.

Richard Strauß — Hugo von Hofmannsthal. Briefwechsel, hrsg. von Willi Schuh, Zürich 1964.

2. Schallplattenaufnahme

Jedermann. Das Spiel vom Sterben des reichen Mannes. In der Besetzung der Salzburger Festspiele. Spielleitung: Ernst Lothar. Musikalische Gestaltung: Einar Nilson und Joseph Messner. Deutsche Grammophon Gesellschaft 43032 LPMS.

3. Gesamtdarstellungen und Einzeluntersuchungen

Alewyn, Richard: Über Hugo von Hofmannsthal. Göttingen 1963.

Brecht, Walther: Hugo von Hofsmannsthal „Ad de ipsum" und seine Bedeutung. Jahrbuch des Freien Deutschen Hochstifts 1930.

Broch, Hermann: Hofmannsthal und seine Zeit. München 1964.
Coghlan, Brian: Hofmannsthal's Festival Dramas. Cambridge/Melbourne 1964.
Curtius, Ernst Robert: Kritische Essays zur europäischen Literatur. Bern 1950.
Erken, Günther: Hofmannsthals dramatischer Stil. Tübingen: Niemeyer 1967.
Everyman. Reprinted by W. Greg. Materialien zur Kunde des älteren Englischen Dramas, Bd. 24. Leipzig/London 1909.
Fiechtner, Helmut: Hugo von Hofmannsthal. Die Gestalt des Dichters im Spiegel der Freunde. Bern/München 1963.
Frenzel, Elisabeth: Stoffe der Weltliteratur. Ein Lexikon dichtungsgeschichtlicher Längsschnitte. Stuttgart: Kröner ^{3}1970 = Kröners Taschenausg., Bd. 300.
Goldschmit, Rudolf: Hofmannsthal. Velber 1968.
Hamburger, Michael: Hugo von Hofmannsthal. Zwei Studien. Göttingen 1964.
Hammelmann, Hans: Hugo von Hofmannsthal. London 1957.
Haupt,Jürgen: Konstellationen Hugo von Hofmannsthals. Salzburg 1970.
Hederer, Edgar: Hugo von Hofmannsthal. Frankfurt 1960.
Kobel, Erwin: Hugo von Hofmannsthal. Berlin: de Gruyter 1970.
Mayer, Hans: Hofmannsthal und die Nachwelt. In: *J. Haupt,* Konstellationen Hugo von Hofmannsthals. Salzburg 1970.
Muschg, Walter: Von Trakl zu Brecht. München 1961.
Naef, Karl: Hugo von Hofmannsthals Wesen und Werk. Zürich/Leipzig 1938.
Pickerodt, Gerhart: Hofmannsthals Dramen. Stuttgart 1968.
Sachs, Hans: Werke, 2. Teil, 21. Bd. Berlin/Stuttgart o. J.
Schmid, Martin Erich: Symbol und Funktion der Musik im Werk Hugo von Hofmannsthals. Heidelberg 1968.
Schulz, Ursula: Die Beziehungen von Hofmannsthals Jedermann zu Everyman und Hecastus. Diss. Marburg 1949.
Soergel/Hohoff: Dichtung und Dichter der Zeit. Düsseldorf: Bagel 1961.
Volke, Werner: Hugo von Hofmannsthal. Reinbek bei Hamburg 1967.

4. Zur Theatergeschichte

Borcherdt, Hans Heinrich: Das europäische Theater im Mittelalter und in der Renaissance. Hamburg 1966.
Ihering, Herbert: Von Reinhardt bis Brecht. Berlin 1961.
Kaindl-Hönig, Max: Resonanz. 50 Jahre Kritik der Salzburger Festspiele. Salzburg 1971.
Hadamowsky, Franz: Reinhardt und Salzburg. Salzburg 1963.
Kaut, Josef: Festspiele in Salzburg. Salzburg 1965.
Kerr, Alfred: Ges. Schriften. Die Welt im Drama, Bd. V. Berlin 1971.
Lasker-Schüler, Else: Mein Herz. Berlin 1920.
Liebstoeckl, Hans: Von Sonntag auf Montag. Ausgewählte Theaterfeuilletons. Wien/Berlin 1923.

Moderne Dramaturgie. Texte zum Verständnis des modernen Theaters, hrsg. von *Horst Müller*. Frankfurt/M. ²1972.

Rühle, Günther: Theater für die Republik. Frankfurt/M. 1967.

Erst nach Abschluß des Manuskripts erschienen: *Edda Leisler*, *Gisela Prossnitz* u. a.: Hugo von Hofmannsthal — Jedermann. Das Spiel vom Sterben des reichen Mannes und Max Reinhardts Inszenierungen. Frankfurt/M.: S. Fischer 1973.

Auch an dieser Stelle möchte ich Herrn Prof. Lindtberg für die Überlassung der Texteinrichtung seiner Jedermann-Inszenierung danken; mein Dank gilt auch Herrn Dr. Rainer von der Direktion der Salzburger Festspiele und den Herren der Salzburger Dramaturgie für wichtige Hinweise zur Theatergeschichte des „Jedermann".

Grundlagen und Gedanken zum Verständnis des Dramas

Aischylos, Die Perser. (D. Böer) 59 Seiten	(6357)
Anouilh, Antigone (W. Schrank) 66 S.	(6070)
Büchner, Dantons Tod. (H. Ritscher) 75 Seiten	(6392)
Büchner, Leonce und Lena. (R. Kühn) 57 Seiten	(6411)
Büchner, Woyzeck. (H. Ritscher) 63 Seiten	(6393)
Goethe, Egmont. (R. Ibel) 68 Seiten	(6466)
Goethe, Faust I. (R. Ibel) 83 Seiten	(6360)
Goethe, Faust II. (H. Kobligk) 184 Seiten	(6358)
Goethe, Götz von Berlichingen. (R. Ibel) 70 Seiten	(6465)
Goethe, Iphigenie auf Tauris. (R. Ibel) 63 Seiten	(6467)
Goethe, Torquato Tasso. (H. Kobligk) 67 Seiten	(6410)
Grabbe, Scherz, Satire, Ironie und tiefere Bedeutung. (H. Hollo) 55 Seiten	(6394)
Grillparzer, König Ottokars Glück und Ende. (H. Prang) 56 Seiten	(6396)
Grillparzer, Der Traum, ein Leben. (H. Prang) 59 Seiten	(6395)
Kleist, Der zerbrochne Krug. (R. Ibel) 64 Seiten	(6399)
Kleist, Prinz Friedrich von Homburg. (R. Ibel) 73 Seiten	(6400)
Lessing, Emilia Galotti. (W. Fischer) 79 Seiten	(6391)
Lessing, Minna von Barnhelm. (W. Fischer) 70 Seiten	(6390)
Lessing, Nathan der Weise. (H. Ritscher) 84 Seiten	(6380)
Molière, Der Geizige. (W. Teich) 62 Seiten	(6397)
Schiller, Don Carlos. (R. Ibel) 67 Seiten	(6470)
Schiller, Die Jungfrau von Orléans. (R. Ibel) 75 Seiten	(6387)
Schiller, Kabale und Liebe. (R. Ibel) 76 Seiten	(6398)
Schiller, Maria Stuart. (R. Ibel) 67 Seiten	(6469)
Schiller, Die Räuber. (R. Ibel) 72 Seiten	(6468)
Schiller, Wallenstein. (R. Ibel) 75 Seiten	(6389)
Schiller, Wilhelm Tell. (R. Ibel) 68 Seiten	(6388)
Shakespeare, Hamlet. (R. Flatter) 67 Seiten	(6386)
Shakespeare, Macbeth. (R. Flatter) 76 Seiten	(6385)
Sophokles, Antigone. (R. Schmidt) 65 Seiten	(6383)
Sophokles, König Ödipus. (Neubearbeitet von N. Zink) 95 Seiten. 3 Abb	(6384)
Zuckmayer, Der Hauptmann von Köpenick (S. Mews) 86 Seiten	(6363)
Zuckmayer, Des Teufels General (S. Mews) 77 Seiten	(6367)

DIESTERWEG

631/6